Deutsche Erstausgabe

Herstellung und Verlag:
BoD- Books on Demand, Norderstedt
ISBN: 978-3-7504-5148-3

Inhaltsverzeichnis

Kapitel 1   Gedanken.

„Leben ist das, was passiert, während du dabei bist, andere Pläne zu machen."

Bei der Frage, ob ein Studium mit Kind richtig sei, scheiden sich noch immer die Geister. Das traditionelle Lager meint, zuerst müsse das abgeschlossene Studium her, danach der Job – am besten eine Festanstellung –, bevor an Nachwuchs zu denken sei. Die anderen finden, Argumente wie die größere Flexibilität und die Vorteile im späteren Berufsleben sprächen für eine Kombination aus Kind und Campus. Nicht zuletzt spielt für viele Frauen auch die biologische Uhr eine Rolle: Im Durchschnitt sind Eltern im Studium 31 Jahre alt und damit gut sieben Jahre älter als ihre kinderlosen Kommilitonen.

Immer wieder werde ich gefragt, wie ich Studieren mit Kind und Job unter einen Hut bekomme. Ehrliche Antwort? Manchmal weiß ich das selber nicht. Manchmal stehe ich kurz vorm Burnout, aber meistens geht es eigentlich ganz gut. So gut, dass ich es immer wieder so machen würde.

Eigentlich ist es alles nur eine Sache der richtigen Einstellung. Man darf sich erst gar nicht Gedanken darübermachen, „wie" man es schafft. Sondern, einfach machen, und hoffen, dass alles gut wird.

Kinderlose Kommilitonen steigen durch kürzere Studienzeiten zwar oft schneller in den Beruf ein – Studierende mit Kind können dafür im Bewerbungsgespräch mit anderen Argumenten punkten: Wer schon ein oder mehrere Kinder hat, fällt mit geringerer Wahrscheinlichkeit in nächster Zeit länger aus. Die Kinder sind beim Einstieg ins Berufsleben außerdem schon älter und deshalb oft weniger krank, was Fehlzeiten deutlich minimieren kann.

Wer mit Kind studiert, kann sich vieles aneignen: Ausdauer, Organisation, Selbständigkeit. Aber für die Hochschulen sind berufstätige Studenten eine begehrte Kundschaft. Doch neben dem Job noch einen Bachelor oder Master zu machen, ist harte Arbeit. Es ist dann nicht nur eine Doppel- sondern gleich Dreifachbelastung. Deshalb ist es wichtig, ein Studienangebot zu finden, das zur eigenen Lernweise passt.

Zu mir. Ich werde dieses Jahr 35 Jahre alt. Oh mein Gott, 35! Das fühlt sich so unglaublich alt an. Und was habe ich erreicht? Meine Mutter würde antworten „viel!" – ich hingegen bin unzufrieden. Bereits vor gut 6 Jahren hatte ich schon mal den Gedanken, das mir etwas fehlt. Das ich noch irgendetwas machen muss. Eine Weiterbildung, ein Studium – Hauptsache irgendwas! Mein damaliger Chef meinte jedoch, dass ich so etwas nicht brauche und es auch nicht weiterhelfen würde.

Tja, gut. Okay. Also schob ich das Thema Studium wieder zur Seite.

Ein kleines Zimmer im Wohnheim, überfüllte Hörsäle und Schlangen in der Mensa - ich hatte auf all diese Dinge, die ein Studentenleben ausmachen, keine Lust. Nach dem Realschulabschluss wollte ich sofort ins Berufsleben starten. Zum einen, um Geld für den Führerschein zu haben, zum anderen, weil ich damals einfach keine Lust auf Abitur und Studium hatte… Dass man mit einer Ausbildung irgendwann mal nicht mal mehr einen Sachbearbeiter-Job bekommen würde – daran hätte ich vor 10-15 Jahren nie gedacht.

Und heute bereue ich, dass ich damals in jungen Jahren nicht doch studiert habe. ABER: da es niemals zu spät dafür ist, habe ich mich entschlossen, ab September die Schulbank wieder zu drücken!

Nach dem ich 2016 das größte Geschenk, meinen Sohn, bekommen habe, machte ich mir natürlich wieder Gedanken, ob mein jetziger Beruf wirklich mein Traum für die nächsten 30 Jahre sei…

Motiviert von dem Gedanken, meinem Sohn ein gutes Leben ermöglichen und ihm das bestmögliche Vorbild sein zu können, beschloss ich letztes Jahr allen Schwierigkeiten zum Trotz meinen Traum vom Studium zu verwirklichen.

Als dann aber einen Monat später schon die erste Prüfung anstand, hatte ich gemischte Gefühle: Da ist die Vorfreude auf das Studium – da ist aber auch die Angst „Schaffe ich das?".

Ja, ich bin verheiratet, aber ich würde mich als alleinerziehende-mit-Mann-Mutter bezeichnen. Das soll überhaupt keine Abwertung an alle alleinerziehende sein, absolut nicht. Aber ich stehe täglich vor der großen Herausforderung, Kind, Haushalt, Papierkram und Job unter einen Hut zu bekommen. Steht etwas im Haushalt oder Garten an – ich mache es. Neue Versicherung, Handyvertrag oder eine Stromnachzahlung? Ich kümmer' mich schon drum. Kühlschrank leer – ach, kein Problem, ich geh einkaufen. Kind schläft unruhig – macht nichts, Mama schläft ja eh nicht gut. *lach* Nur mal so ein kleiner Auszug aus meinem Leben.

Tja, und so kämpfe ich mit dem Dilemma vieler Eltern: Man benötigt mehr Geld – hat aber gleichzeitig weniger Zeit.

Ohne Studium komme ich gehaltstechnisch leider nicht weiter. Letztendlich möchte ich aber TROTZDEM ein schönes Leben mit meinem Sohn haben und meine Träume verwirklichen. Und ein Traum von mir war, dass ich unbedingt nochmal studieren wollte.

Nicht nur die höhere Qualifikation und damit einhergehend ein höheres Gehalt motivieren mich, sondern Bildung und persönliche Weiterentwicklung sind mir als Mutter sehr wichtig.

Da ich für meinen Sohn so viel wie möglich da sein und mich aber nicht jeden Freitag und Samstag in den Hörsaal zwingen möchte, kam ein reguläres Studium nicht in Frage. Vor allem wenn es in der Partnerschaft mal wieder Knatsch gibt, ist das Bedürfnis nach finanzieller Unabhängigkeit und Selbstbestimmung stärker denn je. Aber an erster Stelle möchte ich Vorbild sein. Wenn mein Sohn größer ist, soll er lernen, dass es im Leben auch mal unvorhergesehene, schwierige Situationen gibt. Aber dass, egal, was passiert, es trotzdem irgendwie weitergeht – dass man sich immer verbessern kann. Und im möchte so gern, dass er einmal sagt „Mama, ich bin stolz auf dich!"

Während der Kleine schläft, recherchierte ich bis tief in die Nacht nach Weiterbildungsmöglichkeiten ohne Abitur. So groß die Auswahl an Studienangeboten online auch ist, so groß ist ihre Enttäuschung. Der Spagat zwischen Vorlesungen und Kinderbetreuungszeiten scheint unvereinbar und die Kosten zum Teil unbezahlbar. Nach Austausch mit einer Bekannten bin ich dann aber auf eine Fern-Uni gestoßen und das berufsbegleitende Studium gibt mir die Möglichkeit Geld zu verdienen, das ich brauche, um meine kleine Familie zu finanzieren und gleichzeitig Zeit mit meinem Sohn zu verbringen.

Oft legt man sich ja selber die Steine in den Weg. Und ja, im Alltag angekommen, gibt es auch für mich dennoch viele Herausforderungen. Wenn man lange nicht gelernt hat, ist auch das am Anfang eine Herausforderung. Wie lerne ich – und vor allem, was? Wie aufwendig wird wohl eine Prüfung für einen Master Studiengang sein? Bin ich dem überhaupt gewachsen?

Da ich für meine erste Prüfung nur knapp 4 Wochen Zeit hatte, entschloss ich mich, die Vorlesungen während der Autofahrt zur Arbeit anzuhören und abends so 1-2 Stunden mir alles durchzulesen. Und seien wir mal ehrlich – BWL – das kann doch nicht so schwer sein. Haben wir ja alle schon mal wo gelesen oder gehört! *dachte ich*

Und natürlich denkt man sich zwischendurch: ‚Ich hätte jetzt auch gerne eine perfekt aufgeräumte Wohnung oder wäre perfekt gestylt.' Aber den Perfektionismus muss man ablegen. Irgendwas bleibt dann eben auf der Strecke. Weil alles – sorry – kann man nicht machen.

Kaum vorstellbar eigentlich. Und seien wir mal ehrlich, so wie auf den Instagram-Fotos sehe ich doch eh nicht aus! High Heels sind überaus unpraktisch für den Kindergarten, oder nicht? Man muss lernen, sich auf das Wesentliche zu konzentrieren. Sonst funktioniert das Ganze nicht. Priorität Nummer 1 ist immer mein Sohn. Wenn der Kleine schläft, konzentriere ich mich aufs Lernen. Egal, wie unordentlich die Wohnung gerade aussieht. Fairerweise muss ich zugeben, dass ich meist nicht länger als eine Stunde am Stück lernen kann. Mein Tag startet um 04:45 Uhr, um 05:45 Uhr verlasse ich das Haus. Um 13:30 Uhr wird mein Sohn vom Kindergarten abgeholt und bis ich mich dann zum Lernen hinsetzte, ist es meist schon 19 oder 20 Uhr. Ich bin dann nach 40-50 Minuten einfach nicht mehr aufnahmefähig. Ich lese zwar, aber ohne etwas zu verstehen.

In den Klausuren erziele ich selten Bestnoten, aber ich bestehe. Das ist es, was zählt. Und Gott sei Dank ist mein Vorgesetzter gleicher Meinung. Ich muss kein 1er Schüler sein. Das ist auch gar nicht meine Erwartung, das wäre nicht ich.

Dennoch ist ein effektives Zeitmanagement in so einer Situation Goldwert. Zwischen meiner ersten Klausur im September und der zweiten im Januar habe ich nur eine

Hausarbeit geschrieben. Ja, ich könnte auch mehr, und ja, ich könnte auch zwei Klausuren an einem Tag machen – aber will ich das? Muss das unbedingt sein, nur, damit ich vielleicht paar Monate früher fertig bin?

Neben einer guten Selbstorganisation gönne ich mir einfach zwischendurch die nötigen Auszeiten. Wenn es zu viel wird, streiche ich ganz bewusst Punkte von der Agenda und nehme mir Zeit für kurze Ruhepausen. Dazu gehört auch mal eine Woche nichts-tun. Nichts lernen. Und das Studium Studium sein lassen.

Als Working-Mum ist es natürlich sehr schwierig, sich Auszeiten zu nehmen. Paradoxerweise ist es aber umso wichtiger, denn, wenn ich nicht auf mich achte und ausgebrannt bin, nutze ich niemandem mehr etwas: weder meinem Kind, noch meinem Arbeitgeber, noch mir selbst. Unbedingte Grundlage dafür ist allerdings auch eine Kinderbetreuung. Da meine Familie in der Nähe wohnt, habe ich das große Glück, dass meine Mutter auch auf Karl schauen kann, wenn ich in der Prüfungsphase bin.

Dieses MBA-Studium empfinde ich, trotz der Doppelbelastung, als Luxus und Privileg. Etwas für mich, meinen Geist zu tun und sich weiterzubilden, gibt mir ein gutes Gefühl. Gleichzeitig ist es wichtig, für sich selbst sorgen zu können. Finanzielle Unabhängigkeit ist mir ein echtes Anliegen und ich möchte anderen Frauen Mut machen, die in einer ähnlichen Lebenssituation sind. Mütter werden in unserer Gesellschaft immer noch viel zu oft diskriminiert. Widmet man sich Vollzeit dem Mutter-Dasein gilt man als faul und ungebildet – ist man berufstätig gilt man als Rabenmutter. Von diesen Vorurteilen muss man sich freimachen.

Ich kann all den anderen Müttern da draußen nur raten:Gebt eure Träume nicht auf und traut euch! Ihr wollt beruflich eine neue Richtung einschlagen? Macht es! Ihr wollt einen akademischen Titel und eure finanzielle Situation verbessern? Macht es! Ja, es ist schwierig, und ja, es ist chaotisch – aber es geht!

Stell dir nur mal vor, wie stolz dein Kind auf dich sein wird, dass du das für euch machst und was du ihm dadurch alles bieten kannst. Zwei oder lassen wir es drei Jahre Studienzeit sein, sind auf die gesamte Lebenszeit übertragen, schnell vorbei – es ist eine Investition in deine Zukunft und die deines Kindes.

Im Juni steht die nächste Prüfung an. Die Prüfung hab ich aufgrund des vierten Geburtstages meines Sohnes eine Woche vorverlegt. Das Feiern lass ich mir nicht nehmen. Alles eine Frage des Zeitmanagements.
Man, ja, ich habe nun wieder ziemlich weit ausgeholt. Und warum habe ich überhaupt angefangen, dieses Buch zu schreiben? Um euch Mut zu machen. Weil, so schwer ist das gar nicht. Auch du kannst nebenbei studieren, dich weiterbilden, und trotzdem eine gute Mutter sein.

In den folgenden Kapiteln versuche ich euch zu gewissen Themen ein paar Tipps geben zu können.

Kapitel 2 Das Studium

Bei mir war es so, dass ich Master of Science für mich ausschließen konnte. Das rein technische ist einfach nicht meins. Mein Herz brennt für das Schreiben, etwas Kreatives, PR, Marketing. Personal wäre auch interessant. Vier meiner Kolleginnen haben ihren Bachelor und Master nebenbei gemeistert. Alle über ein Fernstudium mit Samstags-Online-Vorlesungen.

Die KMU Akademie & Management AG, für die ich mich letztendlich entschieden habe, kooperiert seit 2011 mit der höchst anerkannten Middlesex University (London). Angeboten werden akademische, deutschsprachige, berufsbegleitende sowie zeit- und ortsunabhängige Studiengänge. Wer bereits arbeitet, möchte in der Regel nicht seinen Beruf und damit sein Einkommen aufgeben, um zu studieren und um Job und Studium unter einen Hut zu bringen, gibt es verschiedene Modelle. Mit 18 Fernstudiengängen hat man hier eine richtig große Auswahl und im Preis-Leistungs-Verhältnis fällt diese

Hochschule positiv auf. Welche Studienform zum eigenen Lernstil passt, ist letztlich aber auch eine Typfrage.

Ich hätte bei uns in Pforzheim oder Stuttgart natürlich auch berufsbegleitend studieren können. Da finden dann freitags nachmittags und samstags die ganzen Vorlesungen statt. Erstaunlicherweise ist dies dann aber teurer, als das Fernstudium an sich. Und da ich nicht abschätzen kann, ob Freitags und samstags mein Kind gesund ist und somit Mama zur Uni kann, habe ich die andere Variante gewählt.

Rund zwei Prozent der Studenten in Deutschlandstudieren berufsbegleitend. Ich hätte wirklich mehr vermutet. Darunter fallen jedoch nur Studienangebote, die speziell auf Berufstätige zugeschnitten sind. Hinzu kommen noch Teilzeitstudiengänge oder das duale Studium, das in eine praktische Ausbildung im Betrieb integriert ist. Manche erwerben ihren ersten akademischen Titel berufsbegleitend – oft direkt im Anschluss an eine betriebliche

Ausbildung. Andere legen noch einen berufsbegleitenden Master drauf. Die meisten Angebote gibt es im Bereich Betriebswirtschaft, zunehmend auch bei Gesundheitsberufen oder in der sozialen Arbeit.

Manche würden ihrem Chef erst gar nichts davonerzählen, um keine falschen Erwartungen zu wecken. Aber ich war gestern so überglücklich über die Aufnahmebestätigung, dass ich die Email gleich meinem Chef weitergleitet habe! Ich denke, es wird eher positiv angesehen, dass man den Ehrgeiz hat, sich noch weiterbilden zu möchten. Manche Arbeitgeber unterstützen auch solche Vorhaben, etwa indem der Mitarbeiter vor wichtigen Prüfungen freibekommt. Eher selten übernimmt die Firma sogar einen Teil der Studiengebühren. Aber gut, man tut es ja für sich selber. Und ich bin mir sicher, dass es sich auch irgendwann auszahlt. Und wenn man ganz viel Zeit und Muße hat, kann man sich auch für Scholarships bewerben.

Von anderen habe ich auch gehört, dass diese für das Studium zehn Tage zusätzlichen Bildungsurlaub im Jahr bekommen hatten und der Arbeitgeber etwas mehr als 2000 Euro zu den Studienkosten – abhängig von den Noten – gesponsert hat. Mein Studium an der KMU kostet rund 10.000€. Eine Menge Geld. Das könnte auch ein neues Auto für mein Mann sein, welches er bitter nötig hätte. Oder den Garten richten lassen. Oder vielleicht ein neuer Kamin? Ja, mit Geld kann man viel machen. Aber in die eigene Zukunft zu investieren ist nie schlecht und ich hoffe stark, dass ich einen Teil davon auch von der Steuer wiederholen kann. Denn wer berufsbegleitend studiert, kann das als Weiterbildungskosten absetzen. So schön wie in Österreich, dass der Staat einem 6.000€ schenkt, gibt es bei uns leider nicht.…*schnief*

Hinzu kommt bei uns in Deutschland halt leider auch: Wer einem Beruf nachgeht und nur nebenbei studiert, hat keinen Anspruch auf Bafög. Auch Studienkredite richten sich nicht an berufstätige Studenten. So, und studierende Mamis – für die gibt's erst recht nichts! Spaß!

Das hat eine enorme Selektionswirkung, denn so ein Studium muss man sich erstmal leisten können. Mit einem schlecht bezahlten Job ist das oft nicht möglich. Und ja, auch für uns ist es nicht einfach, aber die Hochschule bietet einem ja verschiedene Bezahlmöglichkeiten an (Gesamt, in Raten, etc.).

Wer sich für einen MBA entscheidet, hat die Möglichkeit, sich zwischen diversen Vertiefungen zu entscheiden: Personal, Marketing, Big Data, Gesundheit, etc. Ich konnte mich lange zwischen Personal und Marketing nicht entscheiden. Aber letztendlich dachte ich, dass ich mit Marketing flexibler bin.

Das „Grundstudium" ist bei allen gleich. BWL, Organisation & Management, Marketing, Personalmanagement, Finanzmanagement und Wirtschaftsrecht gehören zu den Grundlagen. Die jeweiligen Fächer beinhalten ein Examen und teilweise noch zusätzlich ein Essay, eine Hausarbeit oder einen Report.

Wer die Grundlagen gemeistert hat, kann sich dann an seine Vertiefungsfächer ran wagen. Bei mir wären das Sales / Pricing Management, Online & Internationales Management sowie Markenführung & Integrierte Kommunikation. Hört sich viel an, ja. Aber man muss sich immer im Hinterkopf behalten, wie schnell 2 oder 2,5 Jahre rum sind! Und dann hat man es geschafft. Gut, die Masterthesis kommt am Schluss noch dazu. Hier darf man sich ein Thema selbst aussuchen, muss dies aber natürlich mit seinem Professor abstimmen.

Ich bin wirklich gespannt. Aber im Moment überwiegt einfach die Freude! Denn trotz der Mehrfach belastung brechen nur wenige ab. Ich meine, viele treffen die Entscheidung sehr bewusst und wissen auch, was da auf sie zukommt.

Kapitel 3 Vereinbarkeit von Familie, Beruf und Studium

Studieren mit Kind ist definitiv möglich, auch wenn man zusätzlich noch für seinen Lebensunterhalt arbeiten muss. Mir ist klar, dass nicht jeder Studiengang identisch und die persönlichen Rahmenbedingungen bei zwei verschiedenen Personen selten gleich sind. Ich bin jedoch davon überzeugt, dass es für so ziemlich jede Situation eine Lösung gibt. Das mag in deinem Fall eine andere als meine sein, aber es gibt sie irgendwo da draußen und du suchst bereits nach ihr, sonst hättest du dieses Buch vielleicht gar nicht gekauft.

‚Wie kann gerade die mir bei der Lösung meines Problems helfen' fragst du dich.

Tja. Wahrscheinlich gar nicht. Ich kann nur anbieten, dir zu verraten, was ich mache, um meine Zeit effektiver zu nutzen und hoffen, dass du für dich eigene Schlüsse daraus ziehst. Denn eins haben wir beide definitiv gemeinsam. Unser Tag hat nur 24

Stunden und daran wird sich wohl nie etwas ändern.

Vereinbarkeit ist eine Frage der Priorisierung

"Ich habe keine Zeit" ist das erwachsene
"Mein Hund hat meine Hausaufgaben gefressen"

Schlussendlich haben wir alle gleich viel oder wenig Zeit, nämlich 24 Stunden am Tag. Wir nutzen sie nur unterschiedlich und wofür wir sie nutzen, hängt im Wesentlichen davon ab, was wir persönlich für wichtig oder weniger wichtig halten. Bestimmt hast du auch Freunde und Bekannte mit denen du dich immer wieder versuchst zu verabreden, was aber aus verschiedenen Gründen nie klappt und andere bei denen es irgendwie trotzdem immer funktioniert. Genau das sind die Prioritäten, die ich meine. Wenn du etwas wirklich willst, dann kriegst du das auch hin. Dann schaffst

du Zeit dafür. Wenn dein Kind um 14 Uhr von der Kita abgeholt werden muss, lässt du es ja auch nicht im Regen stehen, weil du gerade so müde bist oder arbeiten musst.
Wahrscheinlich würdest du eher deinen Job sofort kündigen als dein Kind auf der Straße stehen zu lassen.

Wie setze ich also die richtigen Prioritäten im Studienalltag?

Wenn du ein Kind hast, ist dieses Kind der Referenzrahmen für alles, was du tust. Nicht du, sondern dein Kind entscheidet, wann du arbeitest, schläfst oder studierst. Und warum? Weil dieses Kind auf deiner Prioritätenliste im Zweifelsfall immer ganz oben steht. Jedes Mal, wenn du vor die Wahl „dein Kind ODER ... " gestellt wirst, wirst du dich für dein Kind entscheiden, wenn du keinen dritten Weg findest, um die Frage mit „mein Kind UND ... " zu beantworten.

Da du aber auch noch ein eigenständiger Mensch mit eigenen

Träumen und Wünschen abseits deines Kindes bist, wirst du versuchen so oft wie möglich die Frage mit einem UND zu beantworten.

In meinem Fall bedeutet das Familie UND Studium UND Arbeit UND Bloggen UND Buch schreiben…

Jedem **UND** steht ein **ODER** entgegen. Mit jedem UND habe ich mich gleichzeitig gegen etwas Anderes entschieden. Wenn ich mich entscheide, mein Kind jeden Tag um 14 Uhr von der Kita abzuholen, entscheide ich mich damit gleichzeitig gegen einen Job, bei dem ich um diese Uhrzeit arbeiten muss und gegen Gruppenarbeiten oder den Besuch von Seminaren am Nachmittag. Da diese Dinge aber auch einen gewissen Stellenwert auf meiner Liste haben, versuche ich dafür auch Lösungen zu finden. Denn schlussendlich soll es ja ein UND sein.

Wenn ich also nicht an der Lehrveranstaltung am Nachmittag

teilnehmen kann, bleibt mir nichts anderes übrig, als eine Alternative zu finden. In meinem Fall heißt es Fernstudium und Online-Vorlesungen bzw. Vorlesungen als MP3, die ich dann einfach nebenbei anhöre. Seminarunterlagen zuhause durcharbeiten und sich dann mit Kommilitonen via Email oder WhatsApp austauschen. Dafür nehme ich die Überschreitung der Regelstudienzeit und eine höhere Studiengebühr in Kauf.

Vereinbarkeit dank moderner Kommunikationsmittel

Wer trifft sich denn heutzutage noch im Cafe zum gemeinsamen Lernen – das wird doch total überbewertet. Seit ich Mutter bin, treffe ich mich höchstens mit Karl's Spielfreunden, aber nicht mit anderen Studenten zum Austausch. Das ist aus meiner Sicht Zeitverschwendung.

Hast du schon mal darüber nachgedacht Team-Meetings als Video-Konferenz abzuhalten? Kostenlose Tools gibt's dafür ja zu genüge und vermutlich haben auch alle Team-Mitglieder Internetzugang. Warum also quer durch die Stadt fahren, wenn man auch bequem daheim vorm Bildschirm sitzen kann?

Aber auch in diesem Fall solltest du dich fragen, ob die persönliche Kommunikation von Angesicht zu Angesicht im konkreten Fall unumgänglich und zielführend ist. Natürlich geht nichts über ein persönliches Gespräch, aber du kennst das doch sicher auch, man kommt vom einen zum andern und plötzlich ist man in eine nicht enden wollende Plauderei verwickelt, die mit dem eigentlich Grund des Meetings oder des Telefonats nur noch wenig bis nichts zu tun hat. Deshalb ziehe ich im beruflichen Kontext die Kommunikation per E-Mail allen anderen Gesprächsformen vor. Beim Verfassen von Mails kann ich lange genug überlegen, was mein Anliegen genau ist und es möglichst präzise formulieren. Ich kann meine Frage mitten in der Nacht stellen, ohne damit jemanden zu stören und mein Kommunikationspartner kann die Antwort recherchieren, bevor er oder sie mir antwortet zu einer Zeit, die ihr oder ihm passt. Kein Smalltalk, keine Ablenkung durch irgendwelche anderen Ereignisse. Zum Telefon greife ich nur, wenn ich merke, dass der Sachverhalt doch zu komplex für eine Mail ist. Das kommt allerdings extrem selten vor.

Definiere Ziele, setze Deadlines und halte dich daran!

Sicher hast du auch schon erlebt, dass man sich für eine Gruppenarbeit trifft und plötzlich sagt einer, dass er nur eine Stunde Zeit hat, weil er dann arbeiten muss oder was auch immer. Was passiert dann?

Genau, man wird aus Mangel an Zeit unglaublich produktiv. Nebengespräche werden abgebrochen und man versucht sich aufs Wesentliche zu konzentrieren, damit alle Teammitglieder am

Entscheidungsprozess beteiligt werden können. Ohne Deadline sinkt der Druck und man ist leichter ablenkbar. Das gilt im Übrigen nicht nur für Meetings, sondern auch für Einzelarbeiten. Neigen wir nicht alle dazu Hausarbeiten und Klausurvorbereitungen so weit wie möglich hinauszuzögern? Und hast du nicht auch schon festgestellt, dass die Arbeiten, für die man sich besonders viel Zeit gelassen hat, nicht unbedingt besser sind als die, für die man weniger Zeit hatte? Viel hilft eben nicht viel. Hier gilt: weniger ist mehr!

Sobald ich ein Thema für eine Hausarbeit bekomme, habe ich 21 Tage Zeit. Wer mich kennt, der weiß, dass ich warten hasse. Und wenn ich anfange zu schreiben, dann möchte ich es auch so schnell wie möglich fertig haben und zur Beurteilung einreichen. Ja, kann mir auch das Genick brechen, weil ich einfach immer nur schnell-schnell mache, aber in diesen 7-10 Tagen konzentriere ich mich jeden Nachmittag und am Wochenende eben nur auf dieses eine Thema.

Wieder zurück zukommen auf ein gemeinsames Lernen. Erst während des Meetings darüber zu diskutieren, worum es bei dem heutigen Treffen gehen soll bzw. die Ziele des Treffens zu formulieren ist übrigens unendliche Zeitverschwendung. Trefft euch nicht aus Prinzip, sondern überlegt euch als Gruppe ganz konkret, welches Problem es zu lösen gilt. Nur so könnt ihr herausfinden, ob ein physisches Zusammentreffen und der damit verbundene Zeitaufwand für die Anfahrt überhaupt notwendig sind. Ganz oft werdet ihr wahrscheinlich feststellen, dass das Anliegen auch durch ein kurzes Telefongespräch, eine Mail oder als Video-Konferenz gelöst werden kann und dass es für eine Gruppenarbeit nicht zwingend notwendig ist, dass alle zur selben Zeit am selben Ort daran arbeiten. Stellt sich heraus, dass ein Meeting unumgänglich ist, können sich durch die Definition des Ziels alle Beteiligten besser darauf vorbereiten.

Vereinbarkeit ist Mut zur Lücke

Das ist für viele wahrscheinlich die härteste Lektion und dass wovor die meisten Angst haben: DIE LÜCKE!

Gott, was habe ich mich zu Beginn des Studiums gequält, aus Angst nicht mithalten zu können. Ich habe selten mehr als vier oder fünf Stunden pro Nacht geschlafen und das, obwohl das Kind neben mir friedlich durchgeschlafen hat. Aber ich war einfach so nervös. Chronischer Schlafmangel ist also nichts elternspezifisches – Studenten haben auch das Problem. Schlafmangel ist vielmehr ein Zeichen dafür, dass die eigenen Bedürfnisse auf der Prioritätenliste aktuell keinen besonders hohen Stellenwert haben. Warum das so ist, kann vielerlei Gründe haben. Bei mir war es zuerst die Angst im Studium zu versagen. Später war es dann die Angst als Mutter zu versagen. Eines habe ich durch meinen Sohn allerdings gelernt: diese Angst ist totaler Bullshit!

Weißt du, was passiert, wenn du selbst auf deiner Prioritätenliste ein paar Stockwerke aufsteigst?

Nichts! Zumindest nichts Schlimmes. Im schlimmsten Fall bekommst du ein wenig mehr Schlaf.

Wie gesagt, ich hab mir im ersten Semester wirklich schier in die Hosen gemacht... Ich habe früher als meine Kommilitonen mit den Klausurvorbereitungen angefangen, habe mir bei Hausarbeiten über jedes Wort, das ich schrieb, den Kopf zerbrochen. Und nebenbei arbeite ich 30 Stunden pro Woche. Aber im Nachhinein muss ich sagen, mein erstes Semester war nicht das Anstrengendste meines Lebens. Als ich 20 oder 21 Jahre alt war, habe ich eine weitere Ausbildung gemacht. Da dies auf einer Privatschule war, musste das Geld irgendwo her. Also ging ich 30 Stunden in einem Schuhladen arbeiten und 30 Stunden die Woche drückte ich die Schulbank. Puh – ja, daran denke ich noch oft!

Studieren mit Kind plus Vollzeit arbeiten – für mich nicht machbar.

Schon verrückt genug, überhaupt noch etwas nebenbei machen zu wollen. Und Vollzeit-Studium? Da hatte ich irre Schiss davor.

Bis tief in die Nacht arbeiten wie früher? Das ist nicht mehr drin. Nachmittags mit Mitschülern an Gruppenarbeiten sitzen? Mit Kind undenkbar.
Mein Studium packe ich zwischen 05:45-06:30, 19:00-21:00 und am Wochenende eben so, wie es reinpasst. Stressig? Von wegen. Ich finde es vollkommen in Ordnung, so wie es ist. Meine Noten sind ok. Und ich glaube, dass ich jetzt im Schnitt auch mehr schlafe.

Nach den ersten bestandenen Klausuren habe ich gelernt loszulassen und abzuschalten. Und das gehört eben auch dazu, um erlerntes zu verarbeiten.

Mach mal 'ne Pause

Ja das klingt jetzt leichter gesagt als getan. Ich schaff das auch nicht immer und doch ist es einer meiner wichtigsten Anliegen, dir das mit auf den Weg zu geben. Arbeite dich nicht kaputt. Für was? Wir operieren ja nicht am offenen Herzen, wie es eine Kollegin immer sagt. Du hast nur dieses eine Leben, diesen einen Körper und diese eine Gesundheit. Achte auf dich und nimm Hilfe an, wenn sie dir geboten wird. Du musst nicht alles allein schaffen und du musst auch kein schlechtes Gewissen haben, wenn du deine Lieblingsserie im TV genießt, während dein Kind in der Kita ist. Ich bin mir sicher, du tust, was du kannst, um all deinen Verpflichtungen gerecht zu werden. Du hast dir deine Pause redlich verdient. Und der Haushalt rennt nicht weg, glaub mir. Dann tust halt nächste Woche staubsaugen – bei anderen Work-Student-Mummys sieht es sicherlich nicht anders aus!

Verkaufe dich nicht unter Wert

Heutzutage einen guten Job zu finden, der einem auch noch Spaß macht – ja, nicht so einfach, den zu finden. Ja, ich finde auch, dass man froh sein muss, wenn man einen Job hat. Vor allem, heutzutage wo ein Großteil der Jobs nur noch durch Personaldienstleister vergeben wird.

Aber betrachten wir das Thema doch mal ganz nüchtern. Unternehmen sind weder wohltätig noch bescheuert. Sie vertreten vor allem eines: ihre eigenen Interessen. Im Wesentlichen dürfte das die Gewinnmaximierung sein (Non Profit Organisationen natürlich ausgenommen). Wer mich einstellt, tut dies also immer in der Annahme, dass ich dem Unternehmen mehr einbringe als ich koste.

Was bedeutet das jetzt für dich? **Du** bist wertvoll!

Deine Arbeit ist für das Unternehmen wertvoll, auch wenn du noch keinen Hochschulabschluss hast. Lass dich nicht verarschen und kleinreden. Wenn du für ein Unternehmen arbeitest, das dich schlecht behandelt und/oder schlecht bezahlt geh und such dir einen anderen Job! Niemandem ist mit deiner schlechten Laune geholfen, am wenigsten dir selbst. Such dir einen Job in einem Bereich, der dich interessiert. Dann bist du automatisch engagierter und kreativer, was sich wiederum positiv auf Gehaltsverhandlungen auswirkt. Sei es eine Werkstudententätigkeit in einem Unternehmen, als Verkäuferin in einem Laden oder als Museumsführerin – es gibt so viele Möglichkeiten, in erster Linie ein wenig Geld zu verdienen. Und eine auf jeden Fall eine Alternative ist: ein Stipendium.

Lass dir an dieser Stelle nochmal sagen DU BIST WERTVOLL! Ich habe mich viel zu spät für ein Stipendium beworben und deshalb keine Chance mehr gehabt. Einfach weil ich glaubte, nicht gut genug zu sein. Damit habe ich anderen die Entscheidung abgenommen und mir selbst die Chance genommen herauszufinden, dass ich doch gut genug bin.

Womit wir an meinen letzten Tipp in diesem Kapitel komme: **Glaub an dich!**

Das Studium zu beginnen, war nur meine Entscheidung. Meinen Mann habe ich in die Thematik nicht mit eingebunden. Ich mache das für mich. Für meinen Sohn. Aber nicht für ihn, oder für sonst jemanden.

Und auch du kannst es, also glaub an dich! Ich tu es schon! Es gibt keinen Grund dich kleiner zu machen als du bist. Es gibt keinen Grund mich oder irgendjemand anderen dafür zu bewundern, was er oder sie tut. Und es gibt nicht den geringsten Grund zu glauben, dass du das nicht kannst.

Ja aus der Ferne sieht alles ganz toll und schillernd aus. Vielleicht fragst du dich, wie die anderen das alles schaffen, während du dich fühlst, als stünde dir das Wasser bis zum Hals. Das liegt nicht an dir. Oder vielleicht doch? Statt andere für das, was sie tun aus der Ferne zu bewundern, geh hin und frag sie. Tausch dich mit anderen aus. Und statt dabei deine eigenen

Fehler zu suchen, versuche von den anderen zu lernen. Pick dir das raus, was für dich passt und vergiss den Rest.

Du bist einzigartig. Dein Leben ist einzigartig und nur du allein, kannst deinen Weg finden. Ich bin sicher, dass du das wirst...

Kapitel 4 Wie finanziere ich alles?

Studieren mit Kind ist immer noch eine Ausnahme an deutschen Hochschulen. Wenn du ein Kind hast, dann gelten für deine Studienfinanzierung einige Besonderheiten, die für deine Kommilitoninnen und Kommilitonen irrelevant sind. Und gerade weil Studenten mit Kind so selten sind, sind relevante Informationen oft nur schwer zu finden. Häufig wissen nicht mal die zuständigen Sachbearbeiterinnen und Sachbearbeiter in den Ämtern Bescheid. Dies führt leider dazu, dass Mütter Gelder, die ihnen zustehen, entweder gar nicht oder nur unter erschwerten Bedingungen bekommen.

Ich hab mir über Zuschussmöglichkeiten keinerlei Gedanken gemacht und wäre auch nicht auf die Idee gekommen, dass es so viele verschiedene Möglichkeiten gibt.

Hier nun die wichtigsten Infos, wie du dir dein Studium mit Kind finanzieren kannst und welche finanzielle Unterstützung dir zusteht.

1.) Mehrbedarf für Schwangere nach SGB II

Auch wenn Studierende generell keinen Anspruch auf ALG II haben (Ausnahme Härtefall s.u.), so können Studentinnen einen schwangerschaftsbedingten Mehrbedarf von ca. 72,08 € monatlich für Medikamente und Lebensmittel (§ 21 Abs. 2 SGB II) geltend machen.

Der Antrag auf Mehrbedarf ist ab der 13. Schwangerschaftswoche beim zuständigen Jobcenter zu stellen. Es ist notwendig, einen kompletten ALG II-Antrag auszufüllen. Falls du nicht gerade beurlaubt bist und regulär weiterstudierst, ist es ratsam ein gesondertes Schreiben hinzuzufügen, in dem ausdrücklich ausschließlich der Mehrbedarf beantragt wird.

Des Weiteren können einmalige Leistungen für Umstandskleidung (ca. 206 €), Babyerstausstattung (ca. 311 €), Kinderwagen (ca.100 €), Kinderbett (ca.100 €) und Hochstuhl (ca. 15 €) (§ 24 Abs. 3 SGB II) beantragt werden.

Der Antrag hierfür ist ab dem sechsten Schwangerschaftsmonat beim zuständigen Jobcenter zu stellen.

2.) Alleinerziehendenmehrbedarf nach SGB II

Alleinerziehende mit einem Kind unter sieben oder zwei Kindern unter 16 Jahren können darüber hinaus zusätzlichen Mehrbedarf anmelden (§ 21 Abs. 3 SGB II). Der Regelsatz hierfür beträgt momentan ca. 152,64 €.

3.) Bundesstiftung Mutter und Kind

In besonderen Härtefällen ist es möglich finanzielle Unterstützung von der Bundesstiftung Mutter und Kind zu erhalten. Höhe und Dauer richten sich grundsätzlich nach der individuellen finanziellen Notlage der werdenden Mutter. Grundsätzlich gilt, dass die Stiftung Zuschüsse nachrangig gewährt. Du musst also auf jeden Fall zuerst einen Antrag beim Jobcenter stellen. Die Stiftung kann dann ggf. Die gewährten Leistungen ergänzen.

Andersherum dürfen die Leistungen der Stiftung nicht an Leistungen nach dem Sozialgesetzbuch II angerechnet werden.

4.) Mutterschutzlohn

Solltest du dich während der Schwangerschaft in einem Angestelltenverhältnis befinden, aber nur eingeschränkt oder gar nicht arbeiten dürfen (gesetzliches oder ärztlich verordnetes Beschäftigungsverbot), dann erhältst du bis zu Beginn der Mutterschutzfrist (sechs Wochen vor dem errechneten Entbindungstermin) Mutterschutzlohn. Dieser entspricht deinem durchschnittlichen Gehalt der letzten drei Monate (§ 11 Abs. 1 MuSchG).

Der Antrag ist formlos unter Vorlage eines Attests bei deinem Arbeitgeber zu stellen.

5.) Mutterschaftsgeld für Angestellte

Das Mutterschaftsgeld betrifft wie das Wort schon suggeriert ausschließlich Frauen und auch nur solche, die sich in einem Angestelltenverhältnis befinden und selbst sozialversichert sind. Dabei ist es erstmal unerheblich, was für ein Job es genau ist. Er muss nur nicht-selbstständig ausgeübt werden und der Arbeitsvertrag muss sechs Wochen vor und acht Wochen nach der Geburt des Kindes bestehen. Das ist nämlich die Mutterschutzfrist, also die gesetzlich vorgeschriebene Frist, in der dein Arbeitgeber dich nicht beschäftigen darf. In dieser Zeit bekommst du dein volles Gehalt weitergezahlt. Dies teilen sich dein Arbeitgeber und deine Krankenversicherung untereinander. Alles was du tun musst, ist deinem Arbeitgeber und der Krankenversicherung rechtzeitig Bescheid geben. Du bekommst dafür einen Nachweis von deinem Gynäkologen.

6.) Mutterschaftsgeld für selbstständige und Familienversicherte

Schwangere, die bei ihren Eltern oder Ehegatten familienversichert sind oder eine private Krankenversicherung haben, erhalten nur eine Einmalzahlung 210 €, werden aber natürlich genauso freigestellt, wie gesetzlich versicherte.

Solltest du selbstständig erwerbstätig sein, hast du nur Anspruch auf Mutterschaftsgeld, wenn du freiwillig in einer gesetzlichen Krankenkasse mit Anspruch auf Krankengeld versichert bist.

7.) Kindergeld für dein Kind

Kindergeld steht in Deutschland jedem zu, der das 25. Lebensjahr noch nicht vollendet hat, in Ausbildung ist, keine Berufsausbildung abgeschlossen hat und keiner „anspruchsschädlichen Erwerbstätigkeit" nachgeht.

8.) Kindergeld für dich selbst

Anders ausgedrückt, du kannst Kindergeld nicht nur für dein Kind, sondern auch für dich selbst erhalten, wenn du selbst noch keine 25 Jahre alt bist, im Studium steckst, nicht mehr als 20 Stunden wöchentlich arbeitest und nicht mehr als ein Minijobber verdienst.

Beim Kindergeld zählen nur die eigenen Voraussetzungen. Das Einkommen und Vermögen der Eltern spielt für den Anspruch auf Kindergeld keine Rolle. Du könntest also auch eine Million € irgendwo auf der Bank haben, deine Kinder hätten trotzdem Anspruch. Dasselbe gilt für das Einkommen deiner Eltern und deinen eigenen Kindergeldanspruch.

Erfüllst du die Kriterien selbst nicht, kannst du aber auf jeden Fall Kindergeld für dein Kind beantragen.

Ein Anspruch auf Kindergeld besteht grundsätzlich für jeden Monat, in dem wenigstens an einem Tag die Anspruchsvoraussetzungen vorgelegen haben. Sprich, der Anspruch besteht für den vollen Monat, auch wenn das Kind am letzten Kalendertag des Monats geboren wurde. Er verjährt vier Jahre nach dem Jahr der Entstehung. Wenn dein Kind irgendwann 2010 geboren wurde und du aus welchen Gründen auch immer noch kein Kindergeld beantragt hast, solltest du das jetzt noch ganz schnell nachholen!

Den Antrag kannst du online ausfüllen und bei deiner zuständigen Familienkasse einreichen.

9.) Kinderzuschlag

Für jedes Kind, für das man Kindergeld beantragt, kann man zusätzlich einen Kinderzuschlag beantragen, sofern sich das Einkommen der Eltern in bestimmten Grenzen bewegt.

Elternpaare müssen mindestens 900,00€ monatlich einnehmen. Für Alleinerziehende sind 600,00€ das Mindestmaß. Dazu gehört jegliches Bruttoeinkommen aus Erwerbstätigkeit, BAföG, Stipendien, Unterhaltszahlungen, Wohngeld etc. Ausgeschlossen ist dabei der gleichzeitige Bezug von Hartz IV.

Die Höchstgrenze ist dort, wo dein komplettes Einkommen + Wohngeld und Kinderzuschlag den Hartz IV - Betrag übersteigen.

Wie hoch ist der Kinderzuschlag?

Dabei beträgt der Kinderzuschlag höchstens 160 €/Monat je Kind und wird zusammen mit dem Kindergeld monatlich gezahlt.

Klingt kompliziert? Ist es auch! Vielleicht hilft dir aber der Kinderzuschlagrechner ein wenig Licht ins Dunkel zu bringen.

Sollte das mit dem Kinderzuschlag bei dir klappen, hat dein Kind auch noch Anspruch auf folgende zusätzliche Leistungen

☐ eintägige Ausflüge von Schule oder Kindertagesstätte,

☐ mehrtägige Klassenfahrten von Schule oder Kindertagesstätte,

☐ Ausstattung mit persönlichem Schulbedarf,

☐ Beförderung von Schülerinnen und Schülern zur Schule,

☐ angemessene Lernförderung,

☐ gemeinschaftliche Mittagsverpflegung in der

Schule, Kindertagesstätte oder
Hort sowie

☐ Leistungen für die Teilnahme am
sozialen und kulturellen Leben in
der Gemeinschaft

Der Kinderzuschlag ist genau wie
Kindergeld bei der Familienkasse zu
beantragen.

10.) Elterngeld

Wie du dir denken kannst, haben auch
Studierende nach der Geburt eines
Kindes Anspruch auf Elterngeld.
Elterngeld ist eine Lohnersatzleistung
ähnlich dem Arbeitslosengeld I und soll
den Verdienstausfall während des
ersten Jahres nach der Geburt des
Kindes auffangen. Es entspricht 65 bis
100 % des durchschnittlichen
Nettoeinkommens der letzten zwölf
Monate vor der Geburt, jedoch
mindestens 300,00€ und maximal
1.800,00€.

Daraus folgt, dass du auch einen
Anspruch auf Elterngeld hast, wenn du
vor der Geburt deines Kindes gar

keinen oder nur einen geringfügigen Job hattest.

Gewährt wird das Elterngeld bis zu 14 Monate nach der Geburt des Kindes. Alleinerziehende können die 14 Monate komplett allein in Anspruch nehmen. Bei Elternpaaren muss die Zeit geteilt werden. Dabei muss jeder Elternteil mindestens zwei Monate beanspruchen und mindestens einer von beiden muss tatsächliche Einkommenseinbußen nachweisen, um die 14 Monate voll geltend machen zu können.

Das bedeutet, wenn beide studieren und nur einer von beiden einen Job (Minijob reicht) während der Elternzeit hat, können beide Elterngeld beantragen. Wenn beide studieren und keiner von beiden einen Arbeitsvertrag hat, kann nur einer von beiden Elterngeld bekommen und das auch nur für zwölf Monate. Dabei sind alle denkbaren Konstellationen möglich. In den meisten Fällen beansprucht die Mutter aber 12 Monate, während der Vater zwei Monate in Anspruch nimmt. Möglich ist aber auch, dass sich die Betreuungszeiten beider Elternteile überschneiden. Du musst also nicht warten bis deine bessere Hälfte die Elternzeit beendet. Ihr könnt auch beide gleichzeitig sieben Monate Elterngeld beziehen.

Falls dir jetzt ein wenig der Kopf bezüglich einiger Begrifflichkeit schwirrt, möchte ich noch darauf hinweisen, dass ElternZEIT und ElternGELD nicht dasselbe ist.

Nicht jeder in Elternzeit bezieht Elterngeld

Die ElternZEIT ist eine Freistellung vom Job, auf die du gesetzlichen Anspruch von drei Jahren hast. Sie beginnt frühestens mit der Geburt des Kindes und endet spätestens am achten Geburtstag des Kindes. Die ElternZEIT ist also nach Absprache mit deinem Arbeitgeber frei einteil- und stückelbar, während es die Mutterschutzfrist nicht ist. Anspruch auf ElternZeit haben sowohl Mütter als auch Väter, was sie ebenfalls von der Mutterschutzfrist unterscheidet.

Seit dem 1. Januar 2018 gilt das Mutterschutzgesetz auch fürs Studium, wobei du selbst entscheiden darfst, ob du von der Mutterschutzfrist im Studium Gebrauch machen willst oder nicht.

Das ElternGELD ist eine Lohnersatzleistung, die dir in den ersten 14 Monaten nach der Geburt deines Kindes vom Staat gewährt wird.

Du kannst also in ElternZEIT sein ohne Anspruch auf ElternGELD zu haben, wenn du länger als 14 Monate deine Arbeitszeit zu Gunsten der Kindererziehung und -pflege reduzierst.

Auch solltest du wissen, dass du während der ElternZeit bis zu 30 Stunden wöchentlich arbeiten darfst und in dieser Zeit unkündbar bist. Ein Anspruch auf Weiterbeschäftigung bei Ablauf von zeitlich begrenzten Arbeitsverträgen besteht allerdings nicht.

Der Antrag ist bei der Elterngeldstelle des zuständigen Jugendamts zu stellen.

11.) Kinderbetreuungskosten

Je nach Bundesland werden die Betreuungskosten für dein Kind unterschiedlich subventioniert. In der Regel wird das Einkommen der Eltern dafür zugrunde gelegt. In Berlin sind die letzten drei Jahre vor der Einschulung sogar kostenlos für alle. Im Grunde zahlt man hier also nur Krippenplätze für Kinder unter drei Jahren. In Berlin wird auch nicht zwischen Tagesmutter und Betreuung in einer Kindertagesstätte unterschieden.

Nur leider wohne ich nicht in der Hauptstadt. Bei uns in Baden-Württemberg sieht es ganz anders aus. Für die Kita (1-3 Jahre) zahlt man im Schnitt 400-800€ für eine Halbtagsbetreuung. Der Kindergarten ab 4 Jahren kostet so zwischen 100-300€.

Wenn man dann noch die Nachmittagsbetreuung in Anspruch nehmen möchte, steigen die Gebühren natürlich.

12.) BAföG Freibeträge mit Kind

Wenn du dein Studium mit BAföG finanzierst, solltest du wissen, dass du als Elternteil 555 € pro Kind zusätzlich zu den üblichen 450 € Einkommen monatlich anrechnungsfrei dazuverdienen darfst. Wahrscheinlich wirst du neben Studium und Kind kaum Zeit haben so viel nebenher zu arbeiten, aber es ist auf jeden Fall gut zu wissen, dass du als Mutter oder Vater mehr als 5400 € im Jahr erwirtschaften darfst, ohne dass dir das BAföG-Amt was abzieht. Außerdem darfst du als Mutter oder Vater ein höheres anrechnungsfreies Vermögen besitzen als kinderlose Studierende.

Wenn der Familienzuwachs noch in der „Auslieferung" ist oder du dich in Elternzeit befindest, wird es dich vielleicht freuen, dass 300 € Elterngeld monatlich beim BAföG unberücksichtigt bleiben.

Sonderregelungen Beim BAföG mit Kind: Darüber hinaus erhältst du für jedes deiner leiblichen oder adoptierten Kinder unter 14 Jahren, das in deinem Haushalt lebt, ca. 150€ Kinderbetreuungszuschlag zusätzlich zum normalen BAföG.

Das gilt im Übrigen auch, wenn du ein Auslandssemester mit Kind planst und Auslandsbafög beziehst.

Das wichtigste für die meisten Studierenden mit Kind ist jedoch, dass sie BAföG über die Regelstudienzeit hinaus beziehen können ohne ihre BAföG Schulden damit zu erhöhen. Dies gilt sowohl für Mütter als auch für Väter!

13.) Stipendien

Grundsätzlich steht es dir frei, dich wie jeder andere auch für ein Stipendium zu bewerben. Der Vorteil: im Gegensatz zu BAföG machst du keine Schulden und erhältst neben der finanziellen auch noch eine ideelle Förderung.

Es gibt diverse Erfahrungsberichte, was ein Stipendium betrifft. Was zählt ist, wer du bist und was dich antreibt.Im Internet kannst du nach geeigneten Stipendien für dich suchen.

Es lohnt sich auch ein Blick direkt auf deine Hochschule zu werfen. Manche vergeben tatsächlichen Stipendien an studierende Eltern oder bieten andere materielle Unterstützung für diese Zielgruppe.

Das Deutschlandstipendium beträgt zwar nur ca. 300 € monatlich, wird aber nicht ans BAföG angerechnet.

Wenn du gerade erst mit deinem Studium angefangen hast und Berufserfahrung nachweisen kannst, wäre vielleicht auch das Aufstiegsstipendium was für dich. Auch wenn diese Stipendien nicht explizit für Studierende mit Kind ausgeschrieben sind, so werden soziale Belange wie Familie bei der Bewerbung und vor allem auch bei der Höhe des Stipendiums berücksichtigt. So gibt es bei den dreizehn Begabtenförderungswerken Familienzuschläge und auch eine Förderung über die Regelstudienzeit hinaus ist wie beim BAföG möglich.

Eine andere Möglichkeit ist aber auch ein ausländisches Stipendium. In USA gibt es zum Beispiel massenweise Anbieter. Von 1.000$ bis 10.000$ oder mehr ist hier alles möglich.

14.) Wohngeld

Studierende Eltern dürfen sowohl BAföG als auch Wohngeld beziehen! Lass dir da nichts Anderes einreden.

Ja stimmt, normalerweise haben Studenten grundsätzlichen keinen Wohngeldanspruch, aber Studieren mit Kind ist eben auch nicht „normal".

Falls du aber mit jemandem zusammenlebst, der selbst kein BAföG bekommt, weil er bzw. sie eben nicht studiert oder die BAföG Voraussetzungen nicht (mehr) erfüllt, dann kann Wohngeld für den gesamten Haushalt gewährt werden.

Studentische Eltern können also Wohngeld beziehen, weil sie ihren Haushalt mit einem Familienangehörigen teilen, der selbst kein BAföG beziehen kann.

Wie viel Wohngeld man bekommt ist dann wieder eine recht komplexe Rechnung, die die Anzahl der Haushaltsangehörigen, das Haushaltseinkommen, die tatsächliche Miete und eine festgelegte Miethöchstgrenze abhängig vom Bundesland vorsieht.

Auch wenn du meinst keine Chance auf Wohngeld zu haben, möchte ich dich ermutigen, es trotzdem zu versuchen. Aber Aufgepasst, der Wohngeldantrag hat es echt in sich. Du wirst jedoch sehen, der Aufwand lohnt sich.

15.) Unterhaltsvorschuss vom Jugendamt

Generell hat jedes Kind Anrecht auf Unterhaltszahlungen seiner leiblichen Eltern. Solltest du allein mit deinem Kind leben und der andere Elternteil seiner Unterhaltspflicht nicht nachkommen, so kannst du Unterhaltsvorschuss beim Jugendamt beantragen.

16.) Hartz IV

Wie beim Wohngeld gilt: wer dem Grunde nach durch BAföG gefördert werden kann, hat keinen Anspruch auf Leistungen nach dem Sozialgesetzbuch II. Wenn du BAföG kriegst oder theoretisch kriegen könntest, dann brauchst du an sich nicht über Hartz IV nachdenken.

Wenn du aber z.B. offiziell in Teilzeit studierst oder vom Studium beurlaubt bist, hast du dem Grunde nach keinen Anspruch auf BAföG und kannst ALG II für dich beantragen, vorausgesetzt, du legst während der Beurlaubung keine Prüfungen ab (was an einigen Unis tatsächlich möglich ist).

Und genau wie beim Wohngeld gilt: dein BAföG-Anspruch hat nichts mit dem Anspruch auf Sozialleistungen für deine Kinder zu tun. Auch wenn du also selbst kein Hartz IV für dich beantragen kannst, so ist es durchaus möglich, dass deine Kinder trotzdem einen Anspruch darauf haben.

Voraussetzung ist, dass euer Haushaltseinkommen nicht zur Deckung des Lebensunterhaltes des Kindes reicht.

17.) Darlehen

Sollte das Geld trotz aller Bemühungen nicht reichen, hast du noch die Möglichkeit ein Darlehen / Kredit aufzunehmen. So habe ich es gemacht. Da ich damit erneut Schulden mache, war das sicherlich nicht meine erste Wahl. Ich habe mich auch für andere Zuschüsse oder Bildungskredite beworben, aber leider ohne Erfolg. Und einfach mal so 10.000,00€ aus der Tasche für einen MBA zaubern – puh, ja, ging nicht.

Es ist meiner Meinung nach die einfachste Möglichkeit der Studienfinanzierung, die nicht ungenannt bleiben soll und durchaus Sinn macht. Ich kenne mehr als eine Person, die sich ihr Studium auf diese Weise ermöglicht hat, ohne es zu bereuen.

Dabei ist natürlich entscheidend, dass man nicht in die erstbeste Bank latscht und sich irgendwas aufschwatzen lässt, zumal es genug Alternativen zu guten Konditionen gibt.

18.) Erwerbstätigkeit

Dass ich die Erwerbstätigkeit als Einnahmequelle als letztes nenne, liegt nicht daran, dass es das letzte ist, worüber du nachdenken solltest. Im Gegenteil. Vermutlich war es das erste, das dir in den Sinn kam und so ist es auch richtig. Aber in diesem Kapitel geht es ja darum, wie du Studium und Familie am besten unter einen Hut bekommst und das schaffst du nicht, indem du so viel wie möglich, sondern so wenig wie möglich arbeitest. Dein Tag hat nur 24 Stunden. Nicht mehr und nicht weniger. Du musst dich entscheiden, was du in dieser Zeit machst. Für Klausuren lernen, mit dem Kind spielen und in einem Büro arbeiten gleichzeitig ist nicht für jeden machbar. Bei mir klappt es gut, aber schau erstmal, welche finanzielle Unterstützungsmöglichkeiten für dich in Frage kommen und fülle dann die finanzielle Lücke mit Einkommen durch Erwerbstätigkeit auf. Nicht andersrum. Das hält dich zwar beschäftigt, macht dich aber nicht erfolgreich.

19.) Unterstützung durch den Arbeitgeber
Wie in Kapitel 2 beschrieben gibt es auch Arbeitgeber, die ein Studium teilweise oder sogar vollfinanzieren. Sprich deinen Vorgesetzten an, vielleicht gibt es auch bei dir in der Abteilung die Möglichkeit! Ebenso frag nach, ob du für die Prüfungen Bildungsurlaub beantragen kannst. Dann hast du keine Urlaubstage verloren.

Je besser du dich mit den finanziellen Unterstützungsmöglichkeiten auskennst, desto mehr Zeit bleibt dir für's Wesentliche.

Und wenn du dir dann einen Job suchst, dann am besten einen, bei dem du auch noch etwas lernen und Netzwerken kannst. Möglichkeiten gibt es viele wie zum Beispiel eine Stelle als studentische Hilfskraft an deiner Uni oder Freelancer. Du kannst sogar mit ehrenamtlicher Arbeit dein Studium finanzieren oder dich für's Lernen bezahlen lassen.

Die Möglichkeiten sind vielfältig. Sei kreativ!

Kapitel 5: Methoden für ein sorgenfreies Studium

Das Studium ist in erster Linie dafür da, Grundlagen für deine berufliche Zukunft zu schaffen und bestenfalls dabei auch noch Spaß zu machen. Indem du nämlich nicht nur deinen Wissenshorizont erweiterst, sondern auch neue Menschen kennenlernst und den Weg in die Selbstständigkeit gehst. Stress im Studium ist Teil des Lernprozesses.

Der Spaß bleibt für viele Studierende immer wieder auf der Strecke, weil nach und nach immer mehr Sorgen entstehen. Sorgen um das Bestehen der nächsten Prüfung, Sorgen darüber, wie es mit dem Kleingeld bis zum Ende des Monats reichen soll oder wie sich zwischen Freizeit und Lernzeit die Waage halten lässt.

Damit der Stress nicht außer Kontrolle gerät und deinen Abschluss bedroht, solltest du aktiv etwas gegen deinen Stress im Studium tun.

Was stresst dich eigentlich so sehr?
Das Studium? Die Arbeit oder doch
Haushalt, Kind und Kegel?

Natürlich ist das Studium neben all den
anderen Alltagsaufgaben kein
gemütlicher Spaziergang.

Deine Fächerwahl soll dir liegen und
die Vorlesungen und Seminare sollen
dir Spaß machen, sie sollen dich vor
allem aber auch nicht unterfordern.
Vielmehr dienen sie dazu, deine
Neugier anzutreiben und einen
natürlichen Wissenshunger aufrecht zu
erhalten. So macht das Lernen Spaß
und du kannst Erfolge nicht nur in
Form guter Noten, sondern auch der
nachhaltigen Erweiterung deines
Wissens verzeichnen. Das wiederum
ermöglicht es dir, später vielleicht
genau den Job zu finden, von dem du
schon lange träumst.

Doch selbst bei Fächern, die dir völlig
liegen, wird es Phasen geben, in
denen das Lernen anstrengend ist.
Hinzu kommen vielleicht private
Probleme in der Familie oder du hast
gerade den mega Stress auf der
Arbeit. Diese Sorgen sind reale Sorgen

und sie lösen sich nicht einfach in Luft aus. Meistens braucht es Zeit und Anstrengung um sie zu lösen. Damit musst du lernen, dich abzufinden und umzugehen.

Es gibt aber auch Sorgen und Ängste, die eigentlich eher spontanen Reaktionen entsprechen. Es handelt sich dabei um oft nicht greifbare Gedanken, die plötzlich aufblitzen und auf deine Stimmung schlagen. So fühlen sich viele Studierende häufig leicht deprimiert, wissen aber gar nicht so recht, warum. Und genau hier liegt der Punkt, an dem du ansetzen kannst.

Versuche zu beobachten, wann deine Stimmung getrübt ist oder wann deine Laune deutlich sinkt. Statt die Situation dann einfach nur anzunehmen, kannst du zusätzlich in dich hören:

☐ Was genau hat mich gerade in diesen Zustand versetzt?

☐ Warum bin ich jetzt schlecht drauf?

☐ Gibt es eigentlich einen konkreten Grund dafür?

Wenn du nämlich keinen Grund und keine Ursache finden kannst, warum solltest du dann weiter damit stressen? Vielleicht musst du dich einfach kurz bewegen, ein bisschen lachen und tief durchatmen und die irrationalen Sorgen sind schon wieder vergessen.

Wenn du deine Sorgen hingegen exakt benennen kannst und weißt, mit welchen mentalen Blockaden du es zu tun hast, kannst du dich ihnen auch stellen und sie letztendlich (mit oftmals weniger Aufwand, als angenommen) beseitigen.

Machst du dich auf die Suche nach den Dingen, die dich bedrücken und die deine Stimmung immer wieder schlagartig sinken lassen, wirst du vielleicht auch merken, dass einige Ängste und Zweifel vollkommen irrationaler Natur sind.

Die Angst vor Prüfungen stellt hier ein mitunter bei vielen Studierenden ziemlich treffendes Beispiel dar. Und leider kann ich hier gut mitreden. Vor meiner letzten Prüfung konnte ich nicht schlafen, hatte Magen-Darm-

Probleme, Schmerzen in der Brust und einfach nur Panik vor einer schlechten Note. Da in diesem Fach die Hausarbeit nicht so super ausgefallen war, wollte ich natürlich im Examen gut abschneiden.

So herrscht eben häufig eine sehr unkonkrete Sorge, wie "Ich habe Angst vor Prüfungen".

Aber statt diese Angst zu akzeptieren oder dich in sie hineinzusteigern und vor den tatsächlichen Prüfungen dann panisch zu werden, versuche lieber, tiefer zu gehen:

☐ Vor welcher Prüfung habe ich eigentlich genau Angst?

☐ Warum habe ich Angst vor ihnen?

☐ Welches mögliche Ergebnis schürt die Angst? Und warum?

☐ Wäre es so tragisch, dieses Ergebnis zu erzielen?

Mittels solcher Fragen kommst du bestenfalls zu einem Punkt, an dem du feststellst: Ich verstehe eigentlich alles, war immer einigermaßen aufmerksam und sollte in der Prüfung im Grunde von keinerlei unvorhersehbarer Aufgabe überrascht werden. Warum dann also weiter Angst haben?

Und selbst, wenn es in einer Prüfung mal zu einem Blackout kommen sollte, gibt es dagegen ebenfalls bewährte Methoden gegen Prüfungsangst, die dir helfen, in der entsprechenden Situation Ruhe zu bewahren. Und wieder Zugriff zu deinem Wissen zu finden.

Dieses Beispiel soll verdeutlichen, dass manche Ängste und Sorgen sich in Luft auflösen, wenn du sie aufdröselst und ihnen auf den Grund gehst. Vor allem, wenn es sich um Ereignisse in der Zukunft handelt, auf die du jetzt noch gar keinen direkten Einfluss hast oder deren Ablauf sich erst später zeigt.

Bei mir ist im Endeffekt alles gut gelaufen. Ich hab alles niedergeschrieben, was mir eingefallen ist und hatte dann 40 von 50 Punkten.

Also, versuche, statt dir Sorgen um das Morgen zu machen, lieber an den richtigen Stellschrauben im Jetzt zu drehen und im Moment Dinge zu verändern und zu optimieren. Mehr kannst du sowieso nicht tun.

Im Hier und Jetzt leben - Bleiben wir beim Einfluss auf Zukünftiges und beim Bereuen von Vergangenem: Vom "Leben im Hier und Jetzt" erzählen inzwischen nicht mehr nur irgendwelche Gurus oder Yogis. Der Trend, den Moment zu genießen oder auszukosten ist in der Mitte der Gesellschaft angekommen. Und dabei handelt es sich auch um einen gesunden Trend.

Tagträumereien sind in Ordnung und Reflexion über die Vergangenheit und Zukunft von Zeit zu Zeit auch angebracht. Ständiges Grübeln allerdings, das dich permanent aus deiner jetzigen Situation reißt und dich gedanklich im Vorher oder Nachher verortet, lässt dich nicht zur Ruhe kommen. Du verbaust dir damit eine echte Chance.

Denn nur, wenn du dir antrainierst, dich voll auf den Moment zu konzentrieren, nutzt du deine Zeit wirklich effektiv und nachhaltig. Du solltest dir am besten zumindest einige Stunden am Tag Zeit nehmen, in denen du ganz bewusst versuchst, nur im Hier und Jetzt zu sein und dich auf deine aktuelle Aufgabe zu konzentrieren.

Sei es eine wichtige Lerneinheit, das Aufräumen der Wohnung oder auch eine Freizeitaktivität – Bemühe dich, bei manchen Dingen nicht zu viel über anderes nachzudenken, sondern nur die aktuelle Aufgabe zu erledigen. Nicht nur wirst du sie damit gründlicher und zeitsparender erledigen, indem du im Moment bist, meditierst du in gewisser Weise auch. Denn aufkommende Gedanken kannst du dann ganz einfach annehmen, aber gleichzeitig auch versuchen, sie wieder loszulassen und dich wieder voll und ganz auf das Hier und Jetzt zu konzentrieren. Am Anfang wird dir das vielleicht noch recht schwerfallen, mit der Zeit wirst du aber gar nicht mehr anders arbeiten wollen.

Stress durch die ewigen Geldsorgen? Wenden wir uns an dieser Stelle einmal einem sehr konkreten Problem zu, dass vermutlich auch dir regelmäßig Sorgen bereitet: Dem Geld. Einer der offensichtlichsten äußeren Faktoren, die Studierenden Kopfzerbrechen bereiten. Denn Kohle hast du vermutlich oft einfach zu wenig. Zumindest neigt sich das monatliche Budget meist zu schnell wieder seinem Ende zu, obwohl noch ein oder zwei Wochen eingekauft, gelebt und vielleicht sogar gependelt werden müssen. Im vorherigen Kapitel habe ich schon ein paar Ideen bezüglich Zuschussmöglichkeiten angesprochen, hier nun noch ein paar Spartipps:

Denke an Studentenrabatte!
Egal ob in manchen Studentenkneipen, im Kino oder auch bei manchen Onlineshops – Kannst du nachweisen, dass du studierst, sparst du bei vielen Dingen ein bisschen Geld. Dieses Bisschen summiert sich über die Semester, sodass ein genaues Hinschauen und das Denken an eventuelle Rabatte sich lohnt.

Meide hohe Fahrtkosten

Am günstigsten kommst du natürlich mit Mitfahrgelegenheiten und Car Sharing weg, doch auch für die Bahn gibt es Gruppentickets oder Vergünstigungen durch den Arbeitgeber, die du eventuell jeden Morgen benutzen kannst. Halte eventuell einfach mal Ausschau, nach jungen Leuten, die immer mit Dir Bahn und Bus fahren und sprich sie bei Gelegenheit einfach mal an.

Mit Mitfahrgelegenheiten sparst du eine Menge Geld. Auch bei uns auf der Arbeit gibt es hierfür eine App. Und lernst vielleicht sogar interessante Menschen kennen, mit denen du sonst nie in Kontakt kämst. Für mich leider uninteressant, da ich, wenn der Kindergarten anruft oder etwas mit meinem Sohn ist, sofort losfahren muss und auf mein Auto angewiesen bin.

Nimm dir Essen mit oder vermeide große Mahlzeiten in der Kantine

Stimmt, das Essen in der Kantine sieht vielleicht super lecker aus, fast wie das vom netten Café neben an, aber wenn du jeden Tag Suppe, Hauptmahlzeit und Dessert nimmst häufen sich die Kosten massiv. Ab und zu mal eine Schnitte von zu Hause mitnehmen oder die Rest vom Vorabend – und zack, wieder paar € gespart.

Dinge teilen und gebraucht kaufen Bisher warst du es vielleicht von Zuhause aus gewohnt, dass alle möglichen Dinge neu gekauft werden. Wenn man neben der Arbeit aber auch noch das Studium finanzieren muss, solltest du dir antrainieren, zunächst rumzufragen oder dich umzuhören (etwa in den sozialen Medien, bestimmten Gruppen usw.) ob nicht jemand das Gesuchte gerade gebraucht abzugeben hat. Noch günstiger oder vielleicht sogar kostenlos wird es, wenn du Dinge, die du nur ganz selten brauchst (wie Werkzeug), mit anderen teilst. Ich kaufe meine Bücher zum Beispiel nur gebraucht. Und für Karl schaue ich immer auf Kinderbasaren nach Spielsachen, Bücher oder Kleidung.

Immer noch Sorgen und Stress? Wie wäre es mit einem Tagebuch.

Viele deiner Sorgen verlieren ihren negativen Einfluss auf deine Denkweise und letztlich auch auf dein Verhalten, indem du sie ganz einfach aufschreibst. Am besten nimmst du dir jeden Tag ein paar Minuten Zeit und führst Tagebuch über deine Erfahrungen rund ums Studium.

Du wirst merken, dass es oft eine echte Befreiung ist, einfach nur rauszulassen, was dich stresst oder dir Angst macht. Indem du alles in Worte fasst, vergegenwärtigst du dir die eigentlichen Probleme und kannst von denen differenzieren, die dich irgendwie doch eher grundlos belasten. Es klingt so simpel, funktioniert aber doch meistens überraschend gut. Ich für meinen Teil schreibe auf meinem Blog oder Instagram.

Gehe dabei am besten so vor, dass du in kritischer Weise die vergangenen Tage analysierst und gleichzeitig versuchst, aus dem Prozess Motivation für den kommenden, neuen Tag zu schöpfen. Schreibe dazu beispielsweise Erfolge auf oder drei

Dinge, für die du in den letzten 24 Stunden auch dankbar bist. Auch klare Ziele zu formulieren hilft dir dabei, nicht in einen Zustand zu kommen, wo du mit dir und deinem Vorankommen im Studium permanent unzufrieden bist.

Schreibe doch einfach mal auf, was dich täglich so rund ums Leben belastet. Du wirst sehen, wie viel das oftmals schon hilft.

In dein Tagebuch kannst du auch Worst-Case-Szenarien eintragen: Was ist das Schlimmste, was dir in einer bestimmten Situation passieren kann? Sei dabei wirklich komplett pessimistisch und male dir deinen finsteren Alptraum aus. Das Erstaunliche ist, dass du dir danach fast automatisch Lösungen überlegen wirst, die im schlimmsten Fall herangezogen werden können. Dabei wird dir sicherlich klarwerden, dass deine Lage gar nicht so schlimm ist, obwohl du vom Schlimmsten ausgehst.

Mit anderen ins Gespräch kommen: Wenn dich Sorgen und Ängste planen, ist der Schritt in eine Lage nicht weit, in der Einsamkeit und Isolation hinzukommen. Vielleicht hast du den Eindruck, dass alle anderen viel unbeschwerter wirken und ihr Studium und das Drumherum meistern, als wäre es nichts. Doch da täuschst du dich. Und die Einsamkeit und dein Status als Leidende/r sollten bekämpft werden. Wie? Indem du deine Mitstudenten oder Arbeitskollegen einweihst und dich mit ihnen über deine Probleme austauschst.

Und ich garantiere es dir: Du wirst nicht nur einen finden, den ähnliche Zukunftsängste und Existenzsorgen plagen, wie dich. So kann es schon ausreichen, sich einfach regelmäßig mit anderen zu treffen und alles, was einem so auf dem Herzen liegt oder auf der Seele brennt, rauszulassen.

Das ist auf jeden Fall gesünder und produktiver, als deine Sorgen totzuschweigen. Denn dann gehen dir eventuell gute Ratschläge anderer verloren, die vielleicht auch dir weitergeholfen hätten.

Mir tut es gut, mit Kollegen darüber zu sprechen. Auch, wenn sie nicht unbedingt in derselben Situation sind.

Übrigens musst du dich heutzutage auch nicht mehr schämen, mal eine professionelle Gesprächstherapie in Anspruch zu nehmen. Eine Studie der Techniker Krankenkasse zeigt, dass immer mehr Studierende unter Stress und verschiedenen Ängsten leiden. Hier kann eine psychologische Beratung helfen. Gegebenenfalls hast du die Chance, kostenfreie Angebote von deiner Uni wahrzunehmen.

Wichtig ist es, ein gesundes Mittelmaß aus Anstrengung und Erholung zu finden.

Oft lässt ich der Gang zur Therapiestunde aber auch einfach schon dadurch vermeiden, dass du auf bewusste Phasen der Anstrengung und auf bewusste Phasen der Erholung achtest. Dauerhaft immer wieder ein bisschen was für die Uni zu machen, dann wieder ein paar Minuten am Smartphone zu hängen, dann einen Teil der Wohnung zu putzen und dann wieder zu lernen, ist nicht gerade effizient. Außerdem laugt es dich aus. Und trotzdem gestalten viele so oder so ähnlich ihren Alltag.

Versuche stattdessen dich von den vielen Reizen und Aufgaben frei zu machen und eins nach dem anderen zu erledigen. Schalte etwa dein Smartphone aus, während du zwei oder drei Stunden effektiv und konzentriert lernst. Du sparst dir damit am Ende eine Menge Zeit und kannst danach viel sorgenfreier die Freizeit genießen und dich in ihr deiner Erholung zuwenden. Andernfalls belastet dich irgendwo in den Ecken deines Geistes immer eine kleine Restaufgabe, die du noch erledigen musst.

Was weiter wichtig ist: Diverse äußere Störfaktoren minimieren. Wenn du die richtige innere Einstellung gefunden hast und bestenfalls auch deine Geldsorgen losgeworden bist, gibt es immer noch einige andere äußere Störfaktoren, die dir dein Mama-Arbeit-Studium-Leben erschweren können. Schreibe auch sie am besten auf und überlege dir Methoden, wie du sie effektiv bekämpfen kannst.

Hier ein paar Beispiele:

Nervige Dozenten und Professoren

Wie auch in der Schule, liegt es manchmal einfach an den Lehrern und Lehrerinnen, nicht unbedingt an dir oder dem Unterrichtsstoff, wenn dieser dir Schwierigkeiten bereitet. Oft hängt es an der Uni einfach auch mit den Dozenten und Profs zusammen. Jeder Studierende versteht sich mit anderen Lehrenden besser oder eben schlechter. Nutze also am Anfang der Semester etwa Kennenlernstunden, in denen die Fakultäten sich vorstellen. Oder frage ältere Studierende, welche Erfahrungen sie mit ihnen gemacht haben. Dann kannst du dir gezielte Veranstaltungen mit den (hoffentlich) passenden Lehrenden aussuchen.

In meinem Fall bereue ich fast, dass ich Marketing als Schwerpunkt genommen habe. Der Professor ist so unglaublich streng. Schon so viele haben hier eine schlechte Note kassiert oder mussten die

Hausarbeiten und Klausuren bis zu 2 oder sogar 3 mal wiederholen… ! Hätte ich das gewusst, hätte ich mich für den General MBA oder eben Personal entschieden.

Alkohol (und andere Substanzen)

Studieren heißt nicht nur Lernen, sondern auch Feiern. Spaß haben, über die Stränge schlagen und sich gehen lassen. Vollkommen in Ordnung. Solange jedenfalls, wie du das Maß hältst. Und vor allem auch solange, wie du einen Blick dafür behältst, wann ein günstiger Zeitpunkt zum Feiern ist und wann eher weniger.

Wenn man aber noch nebenbei arbeitet und ein oder mehrere Kinder zu Hause hat und du gerne etwas länger und wilder feierst, wird dich ein regelmäßiger Kater am Morgen davon abhalten, dein gemütliches Bett zu verlassen und deinen übernächtigten Körper zur Arbeit zu schleppen. Nimm dir also am besten fest vor, jegliche Exzesse aufs Wochenende zu beschränken. Auch, wenn du dann vielleicht die ein oder andere Sause verpasst – Dein zukünftiges *Ich* wird dir dankbar sein. Und während der Klausurenphase empfiehlt es sich, die Feierei ganz bleiben zu lassen, damit du die Prüfungen bestehst und danach dann einen wirklichen Grund zum Partymachen hast.

Die Familie

Als hättest du selbst nicht schon genug Stress mit Arbeit, Kind und noch deinem Studium, sorgen sich auch noch Mama und Papa und schlimmstenfalls die Großeltern um dich und dein Vorankommen.

Du kannst versuchen, deiner Familie so gut es geht aus dem Weg zu gehen, ihre Anrufe immer wieder mal zu ignorieren und sie selten zu besuchen. Du kannst ihnen aber auch sagen, dass sie dich nicht ständig nerven sollen, weil du kein Kind mehr bist und jetzt dein eigenes Leben führst. Du solltest aber nie vergessen, dass du mitunter ohne ihre (gegebenenfalls auch finanzielle) Unterstützung vielleicht viel schlimmer dran wärst.

Finde dich am besten damit ab, dass auch andere sich Sorgen um dich machen und versuche, das Ganze etwas diplomatischer anzugehen. Letzten Endes kümmert deine Familie sich so um dich, weil sie dich liebt. Und nicht etwa, weil sie dich ärgern will. Das solltest du nicht vergessen.

Mama erkundigt sich schon wieder, wie es dir geht? Statt dich davon noch mehr stressen zu lassen, Freunde dich damit an. Das ist eben ihre Art, dir ihre Liebe zu zeigen. Sie sorgt sich vielleicht noch mehr um dich, als du dich selbst.

Stress im Studium ist hin und wieder vollkommen normal. Wichtig ist, dass es kein dauerhafter Zustand ist. Wenn du davon betroffen bist und unter der Situation leidest, hoffe ich, dass dir diese Tipps geholfen haben. Probiere einfach mal das aus, was dich am meisten anspricht.

Kapitel 6: Gewissensbisse

Ja, es hört sich blöd an und ist sicherlich nicht für jeden nachvollziehbar – aber ab und an macht sich ein Gefühl in mir breit, zu wenig für meinen Sohn da zu sein. Ein Hauch von schlechtem Gewissen...

Ich arbeite nun schon seit über zwei Jahr wieder in meinem alten Beruf als und nach wie vor mag ich ihn. Jedoch gab und gibt es immer wieder Phasen, in denen mir alles zu viel wird und ja, das gebe ich offen zu. Ich bin auch nur ein Mensch. Gerade im Januar, in der heißen Prüfungsphase, und wenn dann auch noch im Geschäft viel los ist.

Nach einem Jahr Elternzeit war ich wirklich froh, wieder arbeiten gehen zu können und habe die Zeit, in der ich mein Kopf benutzen muss, sehr genossen. Das mach ich auch immer noch.

Ich hatte das Gefühl schon einmal vor über einem Jahr. Mein Arbeitgeber gibt einem die Möglichkeit, einmal im Jahr einen Preventionskurs bei einem

Physiotherapeuten zu besuchen. Dieser geht über 3 Monate, 2mal die Woche. Nur, jedes Mal, wenn ich in den Kurs ging, musste ich meinen Sohn natürlich wieder abgeben.

Ich fand es furchtbar. Wirklich. Weil ich immer dachte – Mensch, diese 2 Stunden hättest auch mit Karl spielen können...!!!

So, und letzten Herbst habe ich mich ja entschlossen, ein Studium zu beginnen. Und nun fängt es wieder an, dass ich mich frage, ob ich zu wenig für meinen Sohn da bin. Und wenn ich da bin, dann bin ich oft nicht wirklich anwesend. Es gibt halt keinen Moment der Ruhe und dann kommt auch noch der Schlafmangel hinzu. Ich habe einen sehr leichten Schlaf, wenn Karl sich nur einmal umdreht oder ein Geräusch macht, bin ich wach und schaue nach...

Haushalt, Einkaufen, lauter Dinge, die ich im Kopf habe und erledigen muss.

Auch, wenn ich immer wieder versuche voll und ganz für Karl da zu sein und meine Müdigkeit versuche zu vergessen, zeigt mir Karl ganz deutlich, dass ich eben nicht voll da bin. In den Zeiten ist er sehr anhänglich und will mich am liebsten nicht loslassen. Klar, verständlich.

Gerade, wenn ich morgens schon vor meinen beiden Männern das Haus verlasse, ist es für mich tatsächlich am Schlimmsten. Innerlich zerreißt es mich, dass ich meinem Kind nicht einen Guten Morgen wünschen kann und ihn in den Kindergarten bringen kann. Und am Abend kann ich nicht mit den Männern zusammen im Wohnzimmer sitzen, sondern verkrieche mich zum Lernen ins Gästezimmer. Wenn ich dann wieder zuhause bin, weil ich Urlaub habe oder Karl krank ist, ist es sehr schwierig für Karl, sich von mir zu trennen.

Ich weiß, dass ich an dieser Situation nicht viel ändern kann, aber auch das gehört dazu, wenn man Arbeitet, Studiert und Mama ist. Ein schlechtes Gewissen ist wahrscheinlich auch normal. Wäre es nicht so, würde womöglich auch etwas nicht in Ordnung sein.

Das schlechte Gewissen ist nun ein kleiner Teil von mir, was wohl jede working mum kennt. Neben der ständigen Angst und Sorge um das eigene Kind, eine Last, die wohl für mich am schwersten wiegt.

Nur das mit dem Gym – das muss ich irgendwie noch vereinbaren. Was für mich tun, meinen Körper, meine Gesundheit – aber trotzdem genug Zeit für Karlito und das Studium haben…! Wie ich Sport noch in meinen Alltag und mein Gewissen integrieren soll – ist noch offen. Wenn ihr Tipps habt, nur her damit *grins*.

Wo wir dann gleich zum nächsten, wichtigen Thema übergehen können…

Kapitel 7: Work-Life-Balance

Eine Work-Life-Balance ist immer von Bedeutung. Nicht nur im Berufsleben sondern auch im Studium. Nicht umsonst leiden immer mehr Leute unter Burnout.

Wenn man mit Anfang 20 schon ausgebrannt ist, wie soll man da 40 Jahre Vollzeitjob, Familiengründung, etc. überstehen? Deshalb müssen wir uns lieber heute als morgen mit unserer Work Life Balance beschäftigen.

Unter Umständen kannst du schon bei der Wahl deines Studiums feststellen, wie leicht oder schwer es sein wird, dir eine Work-Life-Balance zu schaffen. Wichtig für eine Einschätzung der möglichen Work-Life-Balance in einem Studium sind z. B. geforderte Präsenzzeiten und die Menge an geforderten Prüfungen pro Semester. Diese Informationen kannst du normalerweise schon herausfinden, bevor du ein Studium beginnst. Gut dafür sind z. B. Modulhandbücher des gewünschten Studiengangs. Solche

Informationen findest du meistens auf den Internetseiten der Hochschulen.

Eine weitere Möglichkeit, die zeitlichen Belastungen eines Studiums besser einschätzen zu können, sind sowohl die fachspezifische, als auch die allgemeine Studienberatung an deiner Hochschule. Dort kann man dir genau sagen, welche Veranstaltungen du wann belegen musst und wie viele Veranstaltungen pro Semester verpflichtend sind, bzw. empfohlen werden. In einigen Bundesländern darf z. B. die Anwesenheitspflicht in Vorlesungen nicht überprüft werden, während sie in anderen Bundesländern vorgeschrieben ist.

In meinem Fall ist es ja so, dass alle Vorlesungen online verfügbar sind. Es gibt auch Life-Module, aber da hab ich bisher nie teilgenommen.

Prüfungen finden bei uns dreimal im Jahr statt. Ich könnte entweder eine pro Termin schreiben, oder 2. Wenn man ganz mutig ist, dann 2 an einem Tag und Standort und dann nochmal 2 an einem Tag und Standort – aber nein. Übertreiben braucht man es auch nicht.

Gute Planung ist sehr wichtig, um dir eine Work-Life-Balance zu schaffen. Schon bei der Planung deines Stundenplans vor Semesterbeginn solltest du darauf achten, wie du Veranstaltungen aussuchst, falls deine Hochschule dir die Möglichkeit gibt, zwischen verschiedenen Veranstaltungen zu wählen. Auf diese Weise kannst du unter Umständen kontrollieren, wieviel Zeit du im Semester für dein Studium aufwenden musst.

Wenn du an einer Uni vor Ort studieren möchtest, solltest du auch die Größe deiner Hochschule beachten. Denn bei einer sehr großen Universität kann es passieren, dass die Veranstaltungen räumlich weit auseinanderliegen. Daher solltest du, wenn möglich, Veranstaltungen in nahe beieinanderliegenden Räumen wählen. Auf diese Weise lässt sich ebenfalls Zeit sparen.

Nutze Zwischenzeiten möglichst gewinnbringend, z. B. indem du mit

Kommilitonen in die Mensa gehst, wenn dafür zwischen zwei Veranstaltungen Zeit ist. Achte in allen Bereichen des Studienalltags darauf, dir kurze Pausen zu gönnen, wenn du sie brauchst.

Ein wichtiger Ansatz, um dieses Ziel zu erreichen, ist Zeitmanagement. Dies gilt während des normalen Studienalltags, aber vor allem auch in der Prüfungszeit.

Achte im Vorfeld von Prüfungen darauf, diesen Prioritäten einzuräumen. In der Prüfungsphase muss man dann eben auf Playdates mit anderen Kindern verzichten, das Kino muss warten und der Besuch der Cousine wird um einen Monat verschoben. Achte insbesondere in der Prüfungszeit darauf, ausreichend zu schlafen, damit du Prüfungen ausgeruht ablegen kannst.

Finde heraus, wie du am besten lernst, da es verschiedene Lerntypen gibt. Es ist hilfreich beim Lernen, wenn du auf Ablenkungen verzichtest. Schalte dein Handy aus und nutze in dieser Zeit keine Social-Media-Kanäle. Auf diese

Weise bist du entspannter und tust schon beim Lernen etwas für deine Work-Life-Balance. Der Verzicht auf ständige Erreichbarkeit kann auch Stress reduzieren.

Viel Zeit kannst du auch dadurch einsparen, dich mit verschiedenen Lernmethoden und Lerntypen vertraut zu machen, um herauszufinden, welche davon du in Zukunft nutzen willst und welche nicht.

Ich zum Beispiel bin noch der altmodische Typ. Ich kann auf dem ipad nicht lernen. Ich brauche etwas in der Hand. Ich kaufe mir die Bücher gebraucht, auch wenn es dann vielleicht ältere Auflagen sind, aber so kann ich es direkt im Buch markieren. Das, was ich in den Büchern und Unterlagen als wichtig empfinde, schreibe ich mir zusätzlich noch mal auf. Ich habe das Gefühl, wenn man etwas niederschreibt, verfestigt es sich im Gehirn. So zumindest meine Logik - *lach*.

Außerdem solltest du herausfinden, welche Art der Prüfungsform dir persönlich am besten liegt. Falls du nämlich die Wahl zwischen verschiedenen Prüfungsformen hast, kann sich der Lernaufwand bzw. die Lernmethode stark unterscheiden. Außerdem schadet es nie, sich über seine persönlichen Präferenzen bezüglich der Prüfungsart klar zu werden. Du musst zwar wahrscheinlich alle Prüfungsformen im Laufe deines Studiums durchmachen, aber falls du bei bestimmten Prüfungen eine Wahl hast, nutze sie nach deinen persönlichen Vorlieben.

Fazit: Gut für die Work-Life-Balance ist, dass du lernst einzuschätzen, was dich entspannt und welche Anforderungen deines jetzigen Lebens bei dir Stress auslösen können. Für die Work-Life-Balance ist es wichtig, dass du dir bewusst Zeit nimmst, um z. B. Sport zu treiben, Freunde zu treffen oder anderen Aktivitäten nachzugehen, die einen Ausgleich für deinen Beruf und Studium schaffen können. Mit guter Planung im Voraus und während des Semesters ist eine Work-Life-Balance im Studium aber keine Utopie. Lerne die richtigen Prioritäten zu setzen, dann klappt es auch mit dem Studienerfolg.

Lass dich nicht durch Kommilitonen verunsichern, die behaupten, sie hätten exzellente Noten erreicht, ohne zu lernen. Das Gleiche gilt für Kommilitonen, die behaupten, sie würden nichts Anderes tun als zu lernen. Wie sonst auch im Leben, liegt die Wahrheit irgendwo in der Mitte.

Kapitel 8 Muttersein

Was oder wer bin ich eigentlich? Eine gute Frage, oder? Ja, ich bin berufstätig. Ja, ich bin auch Ehefrau und momentan berufsbegleitend Studentin. Aber das wichtigste: Ich bin auch Mama!

Heute Morgen gab es eine lustige Situation. Ich stehe ja immer vor den Männern auf, damit ich abhaue, so lange Karl noch schläft. Und da liegt der kleine Mann in unserem Bettchen und fängt im Schlaf plötzlich an zu Lachen. Aber so herzhaft laut und schön, dass ich selber lachen musste!

Ich bin 3,5 Jahre Mutter und jeden Abend lege ich mich neben mein Kind ins Bett und kann noch immer nicht ganz fassen, dass ich die Mama dieses kleinen, schon so großen Kindes bin. Ich könnte platzen vor Liebe und Glück, wenn ich mitnachmittags mit strahlenden Augen empfangen werde, eine Katze auf unser Terrasse laute Freudenschreie auslöst oder ich am Abend ein müdes, durchgespieltes Kind in den Armen halte, das sich dicht an mich kuschelt.

Mich hat die Mutterschaft nachhaltig verändert. Ich bin gewachsen und wachse noch immer jeden Tag, manchmal auch über mich selbst hinaus. Ich habe mich selbst neu kennengelernt und bin trotzdem noch immer die Person, die ich vorher war. Aber halt anders.

Und es war mein Sohn, der ja auch diese Motivation und Kraft in mir auslöste, noch weiter an meiner Bildung und Karriere zu arbeiten.

Es ist nicht immer alles rosarot und federleicht und ein falsch geschnittener Apfel kann einen Weltuntergang hervorrufen, aber Wutausbrüche, kurze Nächte und einfach blöde Tage sind schnell wieder vergessen, wenn ich herzlich angelacht werde oder mir ein köstliches Sandeis angeboten wird. Es gibt immer Höhen und Tiefen, aber, egal wie kitschig es klingt, das Glück ist ein Grundrauschen, dass manchmal eben nur ganz leise ist und sooft ganz laut und einfach immer da.

Meine Mama war aber auch so. Wir sind zu viert, ich bin die Jüngste. An die Zeit gemeinsam mit meinem Vater kann ich mich nur wenig erinnern, da er viel gearbeitet bzw. auch geschichtet hat. Für mich ist mein Vater ein Wochenendpapa gewesen, mit dem wir dann wandern oder Eis essen waren. Meine Mutter war immer meine Bezugsperson. Mein Anker, mein Halt und mein Wegweiser, wenn ich die Spur verloren habe. Damals wie heute. Ich weiß, dass sie immer für mich da ist und mich so annimmt, wie ich bin. Ganz egal ob ich damals trotzig meine Zimmertür zuknallte oder heute Abends bei ihr anrufe, weil mein Tag voller „Nein nein nein" meines eigenen Kindes war und ich einfach mal sagen muss, dass ich das richtig ätzend fand und mich deshalb selber ätzend finde. Meine Mutter bedeutet für mich bedingungslose Liebe.

Meine Mutter hat Abitur, hätte auch studieren können, aber hat sich damals dagegen entschieden. Zum einen, um für ihre Oma da zu sein, zum anderen, damit erst mal mein Vater eine Ausbildung macht. Und so hat sich ihr ganzes Leben eigentlich immer nur um uns Kinder, aber nicht um sie oder ihre Karriere, ihre Selbstverwirklichung gedreht.

Sie hat mir und meinen Geschwistern diese Sicherheit mit auf den Weg gegeben, dass ich, so wie ich bin, geliebt werde. Immer. Dass ich richtig bin und dass sie immer für mich da ist. Sie hat ein Band zwischen uns gespannt, das sich nicht trennen lässt und das dick und stark bleibt, auch wenn wir uns mal streiten, lange nicht sehen, hören oder umarmen.

Und wie gesagt, wir waren vier Kinder. Trotz Teilzeitjob, Haushalt, alles drum und dran, hat sie uns ihre Zeit und Liebe geschenkt. Ich habe mich nie vernachlässigt gefühlt. Und eigentlich müsste sie mich nach der Pubertät hassen – denn da war ich wirklich schlimm. Wirklich.

Andererseits waren es aber auch meine Eltern, die mir damals abrieten, eine Ausbildung zur Hairstylistin zu machen. Meine Mutter wollte immer, dass wir es besser haben als sie. Das etwas „Gescheites" aus uns wird. Als Kind habe ich mich geschämt zu sagen, was meine Mutter wirklich für einen Beruf ausübt. Mir war es peinlich.

Andere konnten stolz sagen, die Eltern arbeiten bei einem Automobilhersteller, sind Juristen oder sonstiges. Meine Mutter putzt Häuser. Bis heute. Und heute kann ich sagen: Hut ab. Es ist definitiv ein harter Job, härter, als jeder andere.

Peinlich ist es nicht, sondern bin ich stolz auf sie. Sie hat ihr ganzes Leben lang auf alles verzichtet, damit es uns geht. Einen Putzjob angenommen, um für uns da zu sein, wenn wir aus der Schule zurückkommen. Klar, sie hätte ja auch nichts machen können – aber so sind meine Eltern nicht.
Sie kamen in den 70er Jahre als Flüchtlinge, mit einem kleinen Koffer in der Hand und haben sich alles selbst hart erarbeitet.

Natürlich konnten wir uns nie großartige Urlaube leisten. 4 Kinder, ein Haus, Auto – da waren einfach viel zu viele Ausgaben da. Aber trotzdem hat es uns an nichts gefehlt.

Ich weiß durch meine Mutter, dass Liebe und Geborgenheit in vielen verschiedenen Rahmen entstehen kann und von Innen kommt. Und das gibt mir jetzt als Mutter nochmal eine ordentliche Portion Gelassenheit. Ich muss keine Vollzeit-Mama sein, die nicht arbeitet, nur zu Hause sitzt. Nein. Auch eine Mama, die arbeitet, kann ihre Kinder lieben und verbringt dann die übrige Zeit miteinander umso intensiver.

Karl ging erst in die Krippe, nun in den Kiga. Isst dort zu Mittag und tobt durch die Gegend, bis ich ihn um 13:30 oder 13:45 Uhr abhole. Während unser Sohn mit den anderen Kindern und den Erziehern den Kindergarten unsicher macht, arbeite ich, trinke ganz in Ruhe einen leckeren Tee, esse mit den Kollegen und mache mich dann Punkt 13 Uhr auf den Heimweg. Ich weiß durch meine Mama, dass sich Liebe und Geborgenheit nicht nur trotz Fremdbetreuung weitergeben lassen, sondern dass sie sich noch viel leichter leben lassen, wenn alle in der Familie ausgeglichen sind und sich entfalten können.

Und zum Entfalten gehört eben auch eine Art von Selbstverwirklichung. In meinem Fall eben das Studium.
Mein Karl ist ein Wirbelwind und hat Energie für 10 Kinder *lach*. Er ist von morgens um 06:00 Uhr bis Abends kurz vor acht Uhr immer auf Achse, tobt springt klettert und brüllt wie ein Löwe. Er braucht viel Action um sich herum. Vormittags sammle ich die Kraft um Nachmittags und am Wochenende Hügel hoch zu stürmen – ne Spaß, ganz so schlimm ist nicht! Er hat auch ruhige Phasen, wo er dann einfach mal nach dem Kindergarten noch eine halbe Stunde nichts machen möchte, das genieße ich dann auch.

Ich begleite mein Kind, halte es an der Hand, wenn es sie braucht und lasse los, wenn es alleine weiter gehen möchte. Ich bin die sichere Base, zu der unser Sohn immer zurück kehren kann, wenn er müde wird, zu viele Eindrücke gesammelt hat oder ihm der Kumpel im Kindergarten eines mit der Schaufel übergebraten hat. Ich gebe ihm die Sicherheit mit, immer für ihn da zu sein und die Freiheit, sich selbst zu entfalten.

Ich werde immer für mein Kind da sein und den ersten Gang zur Schule genauso feiern und mit Tränen in den Augen begleiten, wie die ersten Schritte. Ich werde hoffentlich in die Geschichte vom ersten Kuss eingeweiht und werde den ersten Herzschmerz trösten. Ich werde mit einer kraus gelegten Stirn die Kekse rausholen, wenn die erste Klassenarbeit vergeigt wird und in der Tasche für den ersten Klassenausflug Schoki und einen Brief verstecken, in dem steht wie sehr ich meinen Sohn liebe. Ich freue mich darauf mein Kind auf all seinen Wegen, egal wohin sie führen werden, begleiten zu dürfen und bin dankbar, für dieses wundervolle Geschenk.

Von dem her – macht euch nicht verrückt, lasst euch nichts einreden – ihr seid tolle Mummys, so, wie ihr seid! Egal ob ihr nebenbei noch arbeitet, studiert oder sonstige Hobbies habt!

Kapitel 9 Motivation

Müsstest du auch langsam was für die Uni machen und kriegst dich nicht aufgerafft?

Bei den meisten Studenten bestehen Prüfungen ja nicht nur aus Klausuren. Alle Jahre wieder erwarten uns auch Präsentationen und Seminararbeiten, die im Laufe der Vorlesungszeit angefertigt werden müssen. Auch wenn uns also die Hochzeit des Bulemielernens noch bevorsteht, eigentlich sollten wir uns längst auf den Hosenboden gesetzt und unseren Leistungsnachweisen gewidmet haben.

Aber jedes Mal, wenn wir uns das vornehmen passiert folgendes:

Beispiel: Seminararbeit

Die Prüfungsleistung für Modul A dieses Semester ist eine Hausarbeit zum Thema B. Erwarteter Umfang sind 3.000 Wörter Fließtext, Deckblatt, Inhalts- und Literaturverzeichnis.

Wie gehst du jetzt vor?

Erstmal gucken was auf Facebook los ist.

Dann YouTube checken. Da hab ich letztens ein lustiges Katzenvideo gesehen. Das muss ich den Kommilitonen zeigen.

Anschließend Candy Crash Saga spielen.

Schließlich knurrt der Magen. Erstmal was essen.

Puh bin ich satt. Nun auch müüüüdddeeee…. Bevor ich die nicht angefangen habe, darf ich jetzt nicht einschlafen. Ich muss die Arbeit schreiben. Scheiße, kein Koffein im Haus. Also ab zur Tankstelle, Red Bull besorgen.

Allerdings ist es verdammt kalt draußen! Gleichwohl bin ich jetzt wenigstens wach ☺

Sag mal, war das Bad gestern auch schon so dreckig? Was soll denn der Besuch bloß denken? Nee nee, so geht das nicht. Somit muss ich dies noch schnell machen. Geht doch flott. Und dann fühl ich mich auch gleich viel wohler. Wer kann schon in ner dreckigen Wohnung lernen?

Wieso wird's eigentlich schon wieder hell?

Oh Mist! Jetzt muss ich mich aber zusammenreißen. Hab nur noch paar Stunden bis mein Kind aufwacht und dann hab ich eh keine Ruhe mehr, um konzentriert zu arbeiten.

So erstmal den Rechner anschmeißen und recherchieren.

Mmmmm… blöd. Wie komme ich denn jetzt an die ganzen Datenbanken ran? In der Uni geht das doch immer. Komisch. Vielleicht weiß jemand auf Facebook die Antwort? Ich frag mal.

So, dann checke ich zwischenzeitlich mal die Bibliotheken nach irgendwas mit X. Oh super. In drei Büchereien gibt es Bücher zum Thema X. So ein Glück, dass ich morgen frei hab. Dann kann ich die alle abfahren.

Oh auf Facebook hat schon jemand geantwortet. Hoffentlich etwas Hilfreiches?

Immerhin einen Kommentar: "Das würde mich auch interessieren.". Und drei Likes.

Mmmm... ok, was mach ich jetzt?

Übrigens nur noch zwei Stunden bis mein Wecker klingelt.

Ah jetzt hat doch mal jemand was Sinnvolles auf Facebook geantwortet. Ich brauche also einen VPN Client. Öhhmmm ja...

Inzwischen eine weitere Stunde später....

Also Facebook: „Der VPN Client funktioniert bei mir einfach nicht. Ich weiß nicht, was ich falsch mache!"

Plötzlich steht Karl in der Tür.

„Was machst du denn schon hier?"

„Mama Kuscheli."

„Aber es ist doch erst... Ähm. Die Uhr geht falsch."

„Mama auf Couch."

„Öhhmm.. Ja. Ich komm hier eh nicht voran. Ich mach später weiter."

Sehr produktiv. Herzlichen Glückwunsch. Du hast heute nichts geschafft. Ätzend oder? Ich hasse solche Tage auch. Und sie kommen immer wieder. Versprochen. Das ist die Konsequenz aus dem vierten studentischen Gesetzes.

1. Die Bude ist nie so aufgeräumt und sauber wie in der Prüfungszeit
2. Das war das schlimmste Semester aller Zeiten.
3. Nächstes Semester fange ich früher an zu lernen, ganz sicher!
4. Vergiss 1., 2. Und 3. !

Zurück zu unserem Beispiel!
Du hast den ganzen Nachmittag damit verbracht deine Seminararbeit schreiben zu wollen. Effektiv hast du wenn's hochkommt eine Datei mit

einem Deckblatt angelegt. Viel mehr gibt es zu deiner Seminararbeit bisher nicht zu sagen. Yay!

Übrigens muss ich dich leider enttäuschen. Morgen wirst du auch nicht produktiver. Du bist ja damit beschäftigt in der Gegend rumzufahren und irgendwelche Bücher zum Thema X einzusammeln. Das wird den ganzen Tag dauern. Glaub mir. Und später wirst du feststellen, nachdem du all die Bücher gewälzt hast, dass sie dich kaum weiterbringen.

Immerhin hast du zum Glück noch zwei Wochen bis zur Deadline. Leider wirst du aber die komplette nächste Woche mit so produktiven Tagen wie diesem verbringen. Nämlich wirst du vormittags im Büro sitzen und Geld verdienen. Und an den Nachmittagen schaust du nach Karl und spielst mit ihm. Die Abende verbringst du damit, vor dich hin zu recherchieren, Sachen aufzuschreiben, sie zu verwerfen, neu zu schreiben, die Küche zu putzen, am Handy zu spielen….

Und so verbringst du schlussendlich den Großteil der geplanten Zeit mit

Dingen, die wenig bis nichts zu deiner Seminararbeit beitragen.

Und dann kommt Tag X. Folglich der Tag, an dem die Deadline so bedrohlich nah ist, dass du dich wirklich wegsperrst. Deshalb schaltest du Facebook und dein Mail-Postfach ab. Nebenbei verfällst du in Panik mit viel Kaffee im Anschlag schreibst du, was das Zeug hält. Somit wirst du wie bekloppt auf deiner Tastatur rumhämmern. Wenn Word schon wieder!!!!! eine deiner Grafiken verschwinden lässt, wirst du fast wahnsinnig werden. Überhaupt diese scheiß Formatiererei. Welcher Penner hat sich das ausgedacht? Somit Hass Hass Hass!

Und dann ist sie da. Die Deadline. Nun gibt es keine Ausreden mehr. Also du musst jetzt abgeben. Egal wie zufrieden oder unzufrieden du bist. Du hast die halbe Nacht formatiert, an deinem Menschenverstand gezweifelt und dir unter Tränen geschworen nächstes Semester alles anders zu machen. Genauso wie im letzten und vorletzten Semester auch.

Kapitel 10 Richtig Lernen

Die Luft ist raus.

Eigentlich hattest du dir für heute viel vorgenommen. Aber irgendwie kannst du dich nicht aufraffen. Du sitzt zwar am Schreibtisch und hast deine Lernunterlagen um dich herum verteilt aber du kommst einfach nicht von der Stelle.

Viele Studenten kennen diese Phase und du bestimmt auch: Es gibt unglaublich viel zu tun, die Aufgabe ist an sich klar aber trotzdem kommst du nicht in Schwung. Du willst produktiv lernen, aber es geht einfach nicht. Kleinigkeiten halten dich auf, jede Mini-Störung lenkt dich ab und du suchst vergeblich deinen Lernflow.

Damit du dich in Zukunft schneller und einfacher aus diesen nervigen Situationen herausziehen kannst, zeige ich dir in diesem Kapitel ein paar nützliche Tricks. Ich nenne sie „Produktivitätshacks" – nicht weil sie ultra-geheim sind und das Bildungssystem revolutionieren werden, sondern weil sie wirklich funktionieren.

1. Dein Ziel ist der Weg

Entschlossenheit und Fokussierung sind die beiden wichtigsten Voraussetzungen für Erfolg im Studium. Du musst wissen, wo du hinmöchtest und bereit sein, hart dafür zu arbeiten. Am besten funktioniert das, wenn du deine Ziele klar definierst und aufschreibst.

Überlege dir, was du in deinem Studium erreichen möchtest und erstelle dir einen Ziel-Plan. Sei dabei detailliert und stelle dir deine Ziele in allen Einzelheiten vor. Dadurch erzeugst du ein starkes mentales Bild, das dir Kraft gibt und dich in schwierigen Zeiten motiviert.

2. Setze kluge Prioritäten!

Deine To-Do-Liste ist voll und dein Lernplan platzt aus allen Nähten. Wenn du dich jetzt fragst, wie du das alles schaffen sollst: Gar nicht. Du kannst nicht alles schaffen – dafür ist nicht genug Zeit. Wir haben nie genug

Zeit, um jede Kleinigkeit zu erledigen und jede noch so winzige Aufgabe abzuarbeiten.

Wenn du erfolgreich studieren möchtest, musst du lernen, Prioritäten zu setzen. Du musst Wichtiges von Unwichtigem unterscheiden und endlich damit aufhören, deine Zeit mit Krimskrams zu verschwenden. Mit zum Beispiel dem Eisenhower-Prinzip sortierst du deine To-Dos im Handumdrehen.

3. Die schwierigste Aufgabe zuerst!

Womit beginnst du, wenn du dich zum Lernen an den Schreibtisch setzt? Gehst du erst nochmal die Kapitel durch, die du eh schon kannst? Wiederholst du den leichten Stoff, den du dir gestern schon angesehen hast? Oder nimmst du dir das schwere, unbequeme Skript, das für deine kommende Prüfung so wichtig ist und kämpfst dich von Seite zu Seite?

Viele Studenten machen beim Lernen einen großen Fehler: Sie schieben die wirklich wichtigen Aufgaben auf. Anstatt mit den dicken Brocken anzufangen, verprassen sie ihre Energie mit unwichtigen Dingen. Auch wenn es Überwindung kostet und erstmal unangenehm ist: Fang immer mit deiner härtesten Aufgabe an! Unterm Strich ist alles andere Zeit- und Energieverschwendung.

4. Die Macht der Deadlines!

Ist dir schon mal aufgefallen, dass von Deadlines eine fast magische Kraft ausgeht? Egal wie groß, angsteinflößend oder komplex eine Aufgabe auch sein mag: Gibt es eine Deadline wird die Aufgabe immer pünktlich erledigt. Vielleicht nicht perfekt aber die wesentlichen Punkte wurden bearbeitet – so, dass es passt.

Diese Macht von Deadlines kannst du dir beim Lernen zu Nutze machen und davon profitieren. Lege für jede Aufgabe – für jede Zwischenetappe – eine Deadline fest. Und halte dich auch daran! Deadlines sorgen dafür, dass du dich aufs Wesentliche konzentrierst und produktiv arbeitest. Ohne eine Frist vertrödelst du Zeit.

5. Mach kleine Schritte

Lass dich nicht von großen Mammutprojekten abschrecken, sondern zerlege deine Aufgaben in kleine Schritte. Je größer deine Aufgaben sind, desto schwieriger ist es, anzufangen und die Sache zu Ende zu bringen.

Darum: Zerteile deine großen To-Dos in kleine Mini-Einheiten und arbeite dich dann Schritt für Schritt durch. Ein Beispiel ist die Pomodoro-Technik - perfekt in der Prüfungszeit und ganz leicht von jedem überall anwendbar.

6. Arbeite mit einer To-Do-Liste!

Fast jeder hat eine To-Do-Liste; und fast jede Liste ist schlecht organisiert. Wenn du dir schon die Mühe machst und eine Liste mit deinen Aufgaben anlegst, dann mach es bitte richtig. Und zwar so: Überfrachte deine Liste nicht und nimm wirklich nur die wichtigsten Aufgaben auf. Sortiere deine Aufgaben nach Priorität (Tipp 2) und gib jedem Punkt eine Deadline (Tipp 4).

Außerdem kannst du deine Aufgaben in Kategorien zusammenfassen und damit für mehr Struktur und Ordnung auf deiner To-Do-Liste sorgen. Platziere deine Liste so, dass du sie immer im Blick hast und weißt, was deine Aufgaben sind – das spornt an (Tipp 1).

7. Belohne dich nach Erfolgen!

Genauso wichtig wie harte Arbeit sind Pausen und Belohnung. Achte darauf, dass du zwischen deinen Lernsessions ausreichend Pausen machst und deinen Energietank wieder auffüllst. Viele Studenten verstehen Produktivität so, dass sie die ganze Zeit durchlernen müssen und nur auf diese Weise erfolgreich sein können. Achtung: Großer Quatsch!

Wenn du deinen Lernstoff geschafft, ein schweres Kapitel verstanden oder deine Prüfung hinter dich gebracht hast, darfst du dich dafür belohnen. Gönn dir etwas Schönes, etwas Außergewöhnliches und lass es dir besonders gut gehen. Dadurch schaffst du beste Voraussetzungen für die nächste Runde Lernen.

Produktivitätstechniken machen das Studentenleben leichter. Produktives Studieren ist kein mysteriöser Zustand, der einigen auserwählten Studenten in die Wiege gelegt wurde. Es ist eine Arbeitsweise, die du lernen kannst – und besonders kompliziert ist sie nicht.

Du musst dich nur an einige Grundregeln halten und endlich damit aufhören, dir selbst das Leben schwer zu machen.

Umsetzen musst du sie allerdings selbst. Darum: Fang heute noch damit an und nimm dir mindestens einen Punkt aus der Liste vor. Wende die Tipps aktiv an und probiere aus, welche bei dir besonders gut funktionieren. Dann wirst du nie wieder antriebslos am Schreibtisch sitzen, sondern immer einen Plan B für schwere Zeiten in der Schublade haben.

Kapitel 11 Working Mum

Ja, wie ihr euch sicherlich denken könnt. Neben Mutter und Studentin bin ich ja auch noch in einem Betrieb angestellt. Also muss ich meinem Arbeitgeber und den Aufgaben auch zu 100% gerecht werden.

Ich bin nach einem Jahr Elternzeit wieder arbeiten gegangen, zwar nicht Vollzeit, aber 30 Stunden die Woche. Als sogenannte „Working Mum" hat man eigentlich immer mit sich selbst zu kämpfen: Ich bin davon überzeugt, dass wir als Mütter uns oft selbst im Weg stehen. Warum? Wir wollen alles und das zugleich.

Laut einer Studie fühlen sich viele berufstätige Mütter im Alltag trotz Partner als alleinerziehend. Neun von zehn Frauen (89 Prozent) sehen sich als das Organisationstalent der Familie. Jede zweite Mutter (51 Prozent) macht lieber alles allein, bevor sie sich mit dem Partner darüber auseinandersetzt. Zwei Drittel der Working Moms (69 Prozent) sehen sich sogar dazu gezwungen, sowohl Vater- als auch Mutterrolle zu übernehmen. Puh! Ganz schön krasse Aussagen!

Ich ertappe mich oft dabei, dass ich den Augenblick nicht genießen kann, weil mir immer irgendwelche Sachen im Kopf rumschwirren... „hab ich an das Brötchen für Karl gedacht?" „Ist unten in der Maschine noch Wäsche, die ich aufhängen muss?" „Hab ich daran gedacht, dies oder jenes zu tun...?"

Ja, immer irgendwie unter Strom. Ich tu mich schwer, mal einfach NICHTS zu machen. Ich habe häufig das Gefühl, dass ich nicht abschalten und dass ich sowieso nie jedem gerecht werden kann. Als arbeitende Mama kümmert man sich eben nicht nur um die Familie oder den Beruf. Wir wollen sozial bleiben, uns mit Freunden und anderen Familien treffen, schöne Freizeitaktivitäten (für die Kinder) in Angriff nehmen und uns auch ein bisschen um unser eigenes Wohlergehen kümmern. Wie schafft man es also, eine gesunde Balance zu bekommen?

Hier kommen nun meine Tipps, um eine glücklichere Working Mummy zu werden:

1. Lasse Chaos zu!

Wenn man Kinder hat, muss man bereit sein, ein bisschen Chaos zuzulassen. Denn jeder Tag ist anders und manchmal treten unvorhergesehen Dinge ein. Ich muss lernen, dass man zwar ganz gut organisieren, aber nicht alles vorplanen kann. Eine Zeitlang habe ich nach einem Arbeitstag wie eine Wilde die Wohnung aufgeräumt, mit Karl auf dem Spielplatz oder im Garten rumgetobt und abends noch für meinen Mann gekocht und danach gelernt. Und das täglich ohne Ausnahme, bis ich völlig fertig auf der Couch lang und zu müde war, um mir einen Tee zu machen.

Irgendwann musste ich feststellen, dass ich mich von meinem nervigen Perfektionismus verabschieden musste, um einfach mal den Augenblick voll und ganz mit meiner Familie zu genießen. Heute lasse ich auch mal den Haushalt liegen, um die

Zeit mit Karl noch mehrauszukosten.
Samstags ist unser fester Putztag, ich
habe mir einen Helfer (Saugroboter)
angeschafft, gebügelt wird einfach nix
und ab und zu bekommt mein Mann
nun einfach mal ein Fertiggericht.

Wenn keine Prüfungen anstehen,
widme ich den Nachmittag allein
meinem Karlito. Wir fahren zum
Indoorspielplatz, treffen uns mit seinen
Freunden oder sind einfach mal alle
zusammen faul. Dann stören mich die
paar ungewaschenen Gläser in der
Küche auch nicht so sehr wie früher.
Davon geht die Welt nicht unter!
Hauptsache ist doch, dass man auch
mal abschalten kann. Das tut nicht nur
dem Kind, sondern auch mir ganz gut.

2. Hole dir Hilfe!

Du musst nicht immer alles alleine
machen. Verteile Aufgaben: Egal ob an
deinen Mann oder an andere
Familienangehörige. Danach wirst du
merken, wie viel glücklicher du wirst.
Es ist absolut keine Schwäche, wenn
man sich als arbeitende Mutter Hilfe
holt. Ich bin vorallem meiner Mutter für

die tatkräftige Unterstützung sehr dankbar. Wenn ich mal dringend etwas fürs Studium machen muss, springt sie ein. Sie holt dann an ein oder zwei Tagen Karl ab, spielt mit ihm, und ich kann etwas für mein Studium tun.

Aber am besten, meine Mutter kommt 2mal im Jahr zum Fensterputzen. Etwas, was ich gar nicht gut kann, oder auch ungern mache.

Und Karl freut sich natürlich auch ungemein auf die Zeit mit Oma!

3. Notiere alle Termine!

Ohne meinen Terminplaner wäre ich kopflos verloren im Nirgendwo. Ganz ehrlich: Schreibt euch alles auf. Damit meine ich wirklich alles! Ich überlege mir immer am Wochenende, was in der kommenden Woche ansteht – egal ob beruflich oder familiär und notiere mir alle Termine. Ich bin extrem vergesslich geworden, ich weiß auch nicht warum. Und da tut es einfach gut, wenn man die Termine schwarz auf weiß vor Augen hat.

4. Weg mit dem schlechten Gewissen!

Dein Kind ist krank und du musst deinem Chef beichten, dass du nicht zur Arbeit kommen wirst? Du musst an einem Tag länger arbeiten und bist einfach zu müde für die 3. Gute-Nacht-Geschichte? Ja, wir arbeitenden Mütter geraten regelmäßig in eine emotionale Schieflage. Also Weg mit dem schlechten Gewissen! Ich habe mich 2018 auch im Preventionskurs angemeldet, und hatte die ganzen 4 Monate jede Woche ein schlechtes Gewissen, dass ich 2x die Woche je 1Stunde im Gym war, anstatt diese Stunden mit Karl zu verbringen...(wie schon vorher berichtet).

Liebe Mamis, ihr seid auch nur Menschen und keine Roboter. Entspannt euch, nehmt die Dinge an wie sie kommen, ohne euch ständig selbst zu quälen, dass ihr nicht jedem gerecht werden könnt. Euer Kind liebt euch, weil es merkt, wie sehr ihr euch täglich bemüht. Also bleibt positiv und weg mit dem schlechten Gewissen!

5. Plane einen festen Familientag in der Woche ein!

Wenn beide Eltern arbeiten und das Kind in die Kita geht, dann sind alle Familienangehörigen am Wochenende völlig erschöpft. Führt einen Familienabend oder einen Tag in der Woche ein, um als Familie zu entspannen und die vergangenen Tage gemeinsam ausklingen zulassen. Wir gehen im Herbst jeden Samstagvormittag gemeinsam schwimmen. Karl freut sich immer riesig darauf. Denn das schwimmen tut nicht nur uns Erwachsenen gut, es macht auch unwahrscheinlich viel Spaß, wenn die ganze Family Samstag zusammenkommt. Ihr könnt euch auch etwas anderes Schönes überlegen: Ob Fahrradtour am Samstag oder Spieleabend am Sonntag – ich weiß nur, dass diese Art der Routine nicht nur bei Karl, sondern auch bei vielen anderen Kindern super beliebt ist.

Kapitel 12 Back to School: Wissenschaftlich schreiben

Für den einen ein Klecks – für mich war es die größte Herausforderung!

Warum muss ich überhaupt Hausarbeiten schreiben?! Ziel von Hausarbeiten ist es in der Regel, zu zeigen, dass du in der Lage bist, mittels Fachliteratur eine Fragestellung aus deinem Studienfach zu beantworten. Außerdem ist es eine super Vorbereitung auf deine Abschlussarbeit. Je mehr Hausarbeiten du im Laufe des Studiums schreibst, desto leichter wird dir die Bachelorarbeit fallen.

Worüber soll ich meine Hausarbeit schreiben?!
Bei uns ist das Thema der Hausarbeit ganz genau vorgegeben, vielleicht kannst du es mehr oder weniger frei wählen. Solltest du die Qual der Wahl haben und dich einfach nicht entscheiden können, worüber du deine Hausarbeit schreiben willst, kannst du dir ja vielleicht im Internet oder bei Mit-Studierenden Ideen holen.

Worauf muss ich bei meiner Hausarbeit fürs Studium achten?
Neben dem korrekten Inhalt deiner ersten Hausarbeit zählen vor allem die Formalien. Dafür gibt es meistens sehr genaue Vorgaben deiner Hochschule. Halte dich unbedingt daran. So erfüllst du zu einem gewissen Teil schon die Erwartungen, die dein oder deine Prüfer an die Hausarbeit haben. Außerdem vermeidest du durch die exakte Befolgung der Vorgaben einen möglichen Grund für das Nichtbestehen deiner Hausarbeit. Ich habe in meiner ersten Hausarbeit 8 Punkte Abzug bekommen, weil ich mich nicht genau an die Zitierrichtlinien gehalten hatte... das war bitter!

Die Literaturrecherche ist von zentraler Bedeutung für das Ergebnis deiner Hausarbeit. Du musst all deine Aussagen und Gedankengänge belegen können. Hier geht es nicht um deine Meinung zu irgendeinem Thema, sondern um einen nachvollziehbaren Gedankengang mit logischer Schlussfolgerung basierend auf Fakten. Sprich mit deinem Prüfer wenn möglich ab, wie viele Quellen du verwenden sollst und achte dabei darauf, dass es sich um zitierfähige, d. h. wissenschaftliche Quellen handelt.

Und wo finde ich zitierfähige Quellen für die Hausarbeit? Quellen sind nicht gleich Quellen. Manche sind zuverlässiger als andere. Mario Barth weiß zwar viel über Männer und Frauen, kann seine Aussagen aber nicht beweisen. Von daher ist die Literaturrecherche ein zentraler Teil deiner Hausarbeit. Eine gute Möglichkeit, um Quellen im Internet zu finden, die du zitieren kannst, sind spezielle Seiten, wie z. B. Google Scholar und SpringerLink. Für verschiedene Fachbereiche gibt es diverse Datenbanken, die du für deine Recherche nutzen kannst. Je nachdem, mit welchen Diensten deine Hochschule kooperiert, hast du evtl. über Rechner der Uni Zugriff auf noch mehr Literatur im Rahmen solcher Angebote. Eine Recherche lohnt sich allerdings auch, wenn Kooperationen nicht bestehen, da viele wissenschaftliche Texte über Open Access zugänglich sind.

Auch korrektes Zitieren ist wichtig! Achte unbedingt darauf, alle Quellen, die du verwendest, richtig anzugeben und korrekt zu zitieren. Ansonsten kann dir unter Umständen ein Plagiat vorgeworfen werden. Dies könnte das Ende deines Studiums bedeuten. Hier kann es wenige genaue oder ganz genaue Vorgaben deiner Hochschule geben, die du kennen musst. Die Vorgaben und Vorlieben können auch von Prüfer zu Prüfer variieren. Verlass dich nicht auf Gerüchte oder Aussagen von Kommilitonen.

Eventuell gibt es verpflichtende oder freiwillige Veranstaltungen an deiner Hochschule bei denen dir beigebracht wird, wie wissenschaftliches Schreiben funktioniert. Solche Angebote solltest du auf jeden Fall wahrnehmen.

Zu wichtigen Formalien für eine schriftliche Hausarbeit gehören meistens z. B. ein Deckblatt und ein Inhaltsverzeichnis sowie eine Erklärung über die selbständige Anfertigung der Hausarbeit.

Beachte unbedingt die Abgabefrist, da eine zu späte Abgabe normalerweise zum Nichtbestehen führt.

Während du an deiner Hausarbeit arbeitest, ist es wichtig, dass du dich nicht ablenken lässt. Räume einer Hausarbeit daher die nötige Priorität ein. Nutze die Zeit, die du zur Verfügung hast und verlass dich nicht auf Aussagen deiner Kommilitonen darüber, wie lange diese dafür gebraucht haben. Für dich kann es schließlich ganz anders laufen. Solltest du eine Schreibblockade haben, mach dich nicht verrückt deswegen. Das erwischt uns früher oder später alle mal. Du wirst die Schreibblockade überwinden. Je nachdem, wie dein Studium aufgebaut ist, kann die Anzahl der Hausarbeiten sehr stark variieren. Wenn du dir unsicher bist, verfasse zunächst eine mögliche Gliederung für die Hausarbeit und bitte deine Prüfer um Feedback. Stelle solche Anfragen möglichst früh im Semester, weil in der Prüfungsphase sehr viele Kommilitonen auf die gleiche Idee kommen werden. Wenn du dir unsicher bist, kannst du aber z. B. schon lange vor der Prüfungsphase anfragen, ob dein Prüfer dein Wunschthema als Hausarbeit akzeptiert, falls es frei wählbar ist.

Lass dich nach der Abgabe einer Hausarbeit nicht verunsichern. Ändern kannst du sie dann ohnehin nicht mehr und die meisten deiner Kommilitonen werden ein ähnliches Gefühl haben. Unter Umständen erhältst du die Note für eine abgegebene Hausarbeit relativ spät. Aber auch deine Prüfer müssen sich an Fristen halten. Darauf hinweisen solltest du sie allerdings nur, wenn dies unbedingt notwendig ist. Falls es z. B. ausreicht, nur zu wissen, ob du bestanden hast oder nicht, frage auch nur dies nach. Selbstverständlich solltest du bei der Kommunikation mit Prüfern, wie sonst auch im Leben, höflich bleiben. So kommt man oft weiter.

Im Laufe des Studiums wird sich jeder Student früher oder später mit wissenschaftlichen Arbeiten auseinandersetzen. Daran führt kein Weg vorbei. Zu diesen Arbeiten gehört das wissenschaftliche Denken ebenso wie das wissenschaftliche Schreiben von Fach- und Abschlussarbeiten.

Viele wissen hierbei nicht, wie sie hier vorgehen sollen und haben mit dem Verfassen akademischer Texte ernsthafte Probleme. Doch es gibt Hilfestellungen, die jeder nutzen kann und sollte.

Oft ist nicht die Studienarbeit selbst das Problem, sondern Motivationsmangel. Erst findet man kein passendes Thema, dann keine zitierbaren Quellen und dann macht einem das Wetter, der Job, Selbstzweifel oder irgendwas anderes einen Strich durch die Rechnung. Irgendwas ist einfach immer. Die Motivation zum Lernen ist am Ende und eine Schreibblockade macht sich breit. Was nun?

Egal wie lang der Weg zum Ziel ist, er beginnt mit dem ersten Schritt. Setze dir möglichst viele kleine Ziele und Deadlines z.B. für die nächste Stunde, den Tag, die Woche. Möglich wäre beispielsweise, dass du dich nach jedem erfolgreich verfassten Kapitel belohnst. Hinterfrag dich selbst, warum dir das Schreiben so schwerfällt. Führe dir immer wieder vor Augen, dass es im Moment keine wichtigeren

Aufgaben gibt, als diese Studienarbeit fertigzustellen. Triff dich trotz des Zeitdrucks gelegentlich mit anderen Studenten, um sich über Ihre Situation auszutauschen. Generell gibt es viele Optionen zur Selbstmotivation – schau einfach, welche für dich die beste ist.

Wenn da nicht dieses Zeitproblem wäre ... Viele Studenten haben nicht nur in der Prüfungsphase ein Problem mit dem Zeitmanagement. Doch ein gutes Zeitmanagement ist unabdingbar, um effizient arbeiten und einschätzen zu können, wie lange eine bestimmte Arbeit bis zur endgültigen Fertigstellung ungefähr braucht. Daher solltest du unbedingt an deinem Zeitmanagement arbeiten. Dabei können Apps und To-Do-Listen helfen. Am wichtigsten ist

Kapitel 13 Nach dem Studium

Ich weiß, dass ich noch nicht am Ende angelangt bin. Bis ich mit dem Studium fertig bin, kann noch ein Jahr vergehen. Aber ich bin der Meinung, dass es machbar ist.

Beruf, Kind, Haushalt, Studium – es lasst sich alles irgendwie miteinander vereinbaren, wenn man es möchte. Und das ist der entscheidende Punkt. Ich bin der Meinung, dass man alles kann, und alles schafft, wenn man es will. Wer immer nur „Nein" sagt oder „Das kann ich nicht" lebt ein Leben lang in einer Ausrede.

Klar gibt es hin und wieder Phasen im Leben, auch bei mir, wo alles doof ist oder man zweifelt, ob das wirklich der richtige Weg ist. Aber im Endeffekt ist alles gut, was man tut. Und vor allem: Nur Mut!

Wenn ich so drüber nachdenke, dann habe ich ja noch gut 30 Jahre Berufsleben vor mir. Und warum sollte ich nicht dann mein Möglichstes versuchen, mich hier zu verbessern? Ich weiß, dass ich im Moment gehaltstechnisch nicht vorankomme. Und natürlich hoffe ich dann, nach Beendigung des Studiums eine bessere oder andere Position bekommen zu können.

Was muss ich also tun? Mich nach Stellen umschauen, die zu mir passen könnten, und vorallem: Bewerben!

Wer sich schon mal auf eine freie Stelle in einem Unternehmen beworben hat, weiß sicherlich nur allzu gut, dass die Bewerbung nahezu perfekt sein muss, um überhaupt eine Chance auf den Job zu haben. Aber wusstest du auch, dass für viele Personalchefs der Lebenslauf das mit Abstand wichtigste Dokument darstellt? Wenn du hier entscheidende Informationen vergisst oder die Vita nicht zu den individuellen Anforderungen der jeweiligen Stelle passt, solltest du nicht unbedingt mit einer Einladung zu einem Vorstellungsgespräch rechnen. Aber wie schreibt man eigentlich eine perfekte Bewerbung? Wie muss der Lebenslauf aufgebaut sein? Und welche Infos dürfen auf keinen Fall fehlen?

Ohne eine gute Bewerbung hat es heutzutage niemand einfach in der Arbeitswelt – egal ob es um einen Praktikumsplatz während des Studiums, die erste Festanstellung oder einen Jobwechsel geht. Während es früher häufig schon ausreichte, einige Informationen über sich niederzuschreiben und das Schulzeugnis anzuhängen, zählen heute eine gute Portion Kreativität, viel Recherche und eine Vita, die sich so gut es geht von der Konkurrenz abhebt. Die Ansprüche der Recruiter sind also deutlich gestiegen, doch wenn du weißt, worauf die Entscheider achten und wie du sie von deinen Leistungen überzeugen kannst, hast du bereits mehr als nur einen Fuß in der Tür.

Bevor du damit beginnst, die Bewerbung und den Lebenslauf zu erstellen, solltest du wissen, dass es einige Details zu bedenken gilt. Zum einen erkennen erfahrene Personalchefs auf den ersten Blick, ob die Vita speziell für diese Bewerbung verfasst wurde oder ob es sich um eine Standardbewerbung handelt. Hier gilt nämlich der Grundsatz: Eine perfekte Bewerbung passt nur selten auf zwei verschiedene Ausschreibungen. Wenn du deine Chancen erhöhen möchtest, solltest du den Lebenslauf so anpassen und optimieren, dass die dort aufgeführten Praktika, Nebenjobs und persönliche Interessen möglichst gut zu der Jobbeschreibung passen. Verzichte dabei aber auf Falschaussagen und ausgedachte Inhalte – denn wer bei seiner Bewerbung lügt, wird auf kurz oder lang echte Probleme bekommen.

Zum anderen darf und sollte sich die Bewerbung von dem klassischen Einheitsbrei abheben. Du musst also nicht bescheiden sein und kannst besondere Stärken, herausragende Eigenschaften sowie sonstige Erfolge selbstverständlich in deinem Lebenslauf aufführen – und das am besten schon zu Beginn. Falls du also beispielsweise gleich mehrere Fremdsprachen beherrschst, ehrenamtlich unterwegs bist oder das Studium mit Auszeichnung abgeschlossen hast, solltest du das den Recruiter auch wissen lassen. Arbeite dabei aber am besten nur mit

Stichpunkten und kurzen Beschreibungen, damit der Lebenslauf auch auf zwei oder maximal drei DIN-A4-Seiten passt. Übrigens: Falls du hier wirklich spezielle Dinge erwähnst, solltest du diese auch mit Zertifikaten oder sonstigen Nachweisen belegen können.

Vorab sei gesagt, dass du auf jeden Fall darauf achten solltest, dass deine Bewerbung und dein Lebenslauf aussagekräftig, fehlerfrei, übersichtlich und natürlich auch vollständig sind. Meine Empfehlung: einen Freund oder Bekannten zu fragen, ob er oder sie noch einmal Korrektur lesen kann, bevor die Bewerbung an das Unternehmen verschickt wird. Wenn dein Lebenslauf nicht ansprechend aussieht und übersichtlich aufgebaut ist, sinken die Chancen auf den gewünschten Job rapide – selbst wenn du die außergewöhnlichsten Kenntnisse vorweisen kannst. Der Grund dafür: Die meisten Personalchefs widmen der Bewerbung nur rund ein bis zwei Minuten ihrer Aufmerksamkeit. Und wenn der Recruiter sich nicht direkt angesprochen fühlt oder sich erst durch ein seitenlanges Manifest kämpfen muss, landet deine Bewerbung sehr schnell auf dem Absagestapel. Daher eignet sich der tabellarische Aufbau am besten, um die Vita ordentlich zu strukturieren und es dem Personaler so zu ermöglichen, alle relevanten Infos auf den ersten Blick erkennen zu können.

Auch das Design spielt eine wichtige Rolle, denn mit einem nicht ganz alltäglichen Layout kannst du für eine erhöhte Aufmerksamkeit des Entscheiders vor Ort sorgen. Allerdings solltest du keinesfalls mit Grafiken, bunten Bildern oder sonstigen Elementen arbeiten, da diese nicht in eine professionelle Vita gehören. Noch ein kleiner Tipp: Wenn du dich bei großen Konzernen, Banken oder anderen höchst seriösen Unternehmen bewerben möchtest, solltest du dich für den klassischen Aufbau der Bewerbung entscheiden. Bei hippen Start-Ups oder innerhalb der Kreativbranche hast du hingegen etwas mehr Raum für moderne und kreative Ideen. Aber verzichte auch hier besser auf Schriftarten wie Comic Sans und Co und verwende stattdessen lieber gut lesbare wie Tahoma, Arial oder Calibri. So steht deiner hoffentlich erfolgreichen Bewerbung nichts mehr im Weg.

Natürlich haben nicht alle Akademiker die gleichen Jobchancen – ob sie später gebraucht werden, hängt eng mit dem gewählten Studienfach zusammen. Ärzte, Ingenieure und IT-Absolventen werden immer gebraucht. Wer eines der MINT-Fächer (Mathematik, Informatik, Naturwissenschaften und Technik) studiert, hat die besten Chancen.

Wenn du allerdings ein berufener Kultur-, Geistes- oder Gesellschaftswissenschaftler bist und dein Herz an der Paläontologie oder der Soziologie hängt, dann studiere eines dieser Fächer. Denn wenn du Mathe studierst, obwohl du es hasst, wirst du nicht nur während deines Studiums unglücklich sein – du wirst auch später nicht deinen idealen Job finden. Wie kann etwas ideal sein, das man nicht mag?

Was auch immer du studierst, du solltest auf jeden Fall schon währenddessen einen Plan machen, wie du deine Fähigkeiten später in der Arbeitswelt einsetzen willst. Mein Ziel, oder mein Traum, wäre es in dem Bereich Hochschulmarketing zu arbeiten. Ein Mix aus Marketing und Personal.

Auch wenn die Zahl der arbeitslosen Akademiker durch die steigende Absolventenzahl ebenfalls gestiegen ist, rein anhand der Zahlen spricht man bei dieser Bevölkerungsgruppe von Vollbeschäftigung. Es gibt also auch für dich sehr gute Chancen, nach dem Studium einen guten Job zu bekommen. Eventuell wirst du etwas warten und dich intensiv bewerben müssen – vielleicht hast du aber dein Traumunternehmen schon im Auge und hast während eines Praktikums auf dich aufmerksam gemacht? Und nach wie vor gilt: Wer studiert hat, verdient mit hoher Wahrscheinlichkeit später deutlich mehr Geld. Die Mühe lohnt sich also, erst recht, wenn man von vornherein ein festes Ziel vor Augen hat!

Ich wünsche euch viel Glück, Erfolg und hoffe, euch ein paar Eindrücke und Tipps gegeben haben zu können.